KB138373

전략 PR:
핵심은 분위기다

戦略PR世の中を動かす新しい6つの法則 by 本田哲也
SENRYAKU PR YONONAKA WO UGOKASU ATARASHI 6TSU NO HOUSOKU

Copyright © 2017 by Tetsuya Honda

Original Japanese edition published by Discover 21, Inc., Tokyo, Japan

Korean edition is published by arrangement with Discover 21, Inc.

through Shinwon Agency Co., Seoul.

전략 PR:
핵심은 분위기다

혼다 데쓰야 지음 | 이정환 옮김

**사람을 움직이는
여섯 가지 법칙**

인간은 정체불명의 분위기에
구속당하여 살아가고 있다.

– 야마모토 시치헤이,《공기의 연구》, 1977

어떤 한 가지 생각을 확대시키는
가장 효과적인 방법은,
현대 사회가 어떻게 이루어져
있는지에 주목하고 그 구조를
이용하는 것이다.

– 에드워드 버네이스,《프로파간다》, 1928

우선 다음과 같은 의문에 대한 답(또는 힌트)을 원한다면, 독자 여러분과 나의 만남은 행운이 될 것이다.

어떤 상품이 왜 갑자기 화제가 되는가?
환영받거나 거부당하는 정보의 '차이'는 무엇인가?
왜 '리바이벌 붐'이 일어나는가?
어떻게 해야 사람의 행동이 바뀌는가?

이 책은 '전략 PR'에 대해 정리한 최신 서적이다. 일단 'PR이란 무엇인가'를 한 마디로 표현하기는 어렵지만 이 책 전체를 읽어보면 어느 정도 이해할 수 있을 것이다. 하지만 지금 굳이 추상적으로라도 표현을 하자면, PR이란 '세상을 무대로 삼은 정보 전략'이라고 할 수 있다. 그리고 PR의 궁극적인 목적은 '사람의 행동을 바꾸는 것'에 있다.

세상은 원래 복잡하다. 다양한 역학 관계와 이해관계, '각자의 사정'이 상호 영향을 끼치기 때문이다. 마치 여러 개의 장치를 연쇄적으로 작동시키는 정교한 손목시계와 같다.

최근의 정보 폭발이나 소비 행동의 다양화는 세상을 더욱 복잡하게 만들고 있다. 이런 상황에서 기업이 목적을 완수하기 위해 사람이나 사회를 움직이려 하는 시도, 즉 마케팅이나 기업 커뮤니케이션은 더욱 어려워지고 있다.

반면, 이런 상황이 반드시 나쁜 것만도 아니다. 복잡해진 세상에서는 동시에 그것을 '가시화'하기 위한 움직임도 진행되기 때문이다. 소셜 미디어와 스마트폰의 보급으로 우리의 정보 소비 리터러시(literacy; 응용 능력)는 비약적으로 향상되었다. 지금까지 볼 수 없었던 것이 보이기 시작하고 감추어져 있던 사회 구조도 대중들에게 노출된다. 기업의 궤변은 즉시 간파당하고 연예계의 뒷이야기는 모든 사람들이 즉각적으로 알게 된다. 구조가 보이지 않았던 정교한 손목시계의 커버는 이제 '반투명'에 가까워진 것이다. 위기관리가 중요해진 반면, 긍정적으로 생각한다면 이전보다 세상의 구조나 사회적 관심을 전략적으로 활용할 수 있는 시대이기도 하다. 이것이 바로 PR의 영역이다.

이 책에서는 최신 사례들과 함께 세상을 움직이는 PR의 법칙을 소개할 것이다. 서장에서는 전략적인 PR의 역할과 함께 사회 상식을 바꾸고 '구매하는 이유'를 만들어내는 방법에 관해 설명할 것이다. 이어서 1장에서는 PR이 무엇인지 생각해보고, 지난 10년 동안의 정보환경 변화와 PR의 핵심인

'분위기'의 세분화에 관하여 논한다. 2장에서는 PR의 궁극적인 목적인 행동 변화(Behavior Change)와 사회적 관심을 활용하는 방법에 관하여 설명하고, 3장에서는 역동적인 글로벌 PR의 사례와 성격을 소개한다.

4장부터 9장까지는 이 책의 핵심 주제인 전략 PR의 여섯 가지 법칙을 최신 사례와 함께 다룬다. 여섯 가지 법칙은 사회성을 담보하는 '공공(公共)', 우연성을 연출하는 '우연', 신뢰성을 확보하는 '보증', 보편성의 관점인 '본질', 당사자성을 갖게 하는 '공감', 기지와 재치를 발휘하는 '재치'다. 마지막 장에서는 '세계를 움직이는 PR'이란 주제로 보다 전략적이고 효과적인 PR에 대해 이야기를 전개할 것이다.

나는 20년 가까이 세계 3위의 미국계 PR 회사 그룹에 몸담아왔다. 세계적으로 블로그 등의 새로운 미디어가 등장한 2006년 이후에는 전략 PR 전문회사를 그룹 안에 신설하여 10년 가까이 대표를 맡고 있다. 리먼 쇼크의 충격이 채 가시지 않은 2009년, 그때까지 실천해온 PR을 체계적으로 제시하고, PR이 본래 갖추고 있는 전략성을 조금이라도 전달하고 싶은 생각에서 이른바 이 책의 원형이라고 할 수 있는 《전략 PR》을 출간했는데 고맙게도 베스트셀러가 되었고, 2011년에는 사례를 당시의 최신 내용으로 교체한 《신판 전략 PR》도 출간했다. 광고와 마케팅 종사자나 이 일에 관심이 있는 학생들 외에 많은 비즈니스 분야 종사자들이 PR의 가치를 재인식하는 데에 조금이라도 도움이 되었기를 바란다.

세월이 흘러 'PR 붐'이라고 불리던 시기도 지나갔다. 이제 마케팅이나 기업 커뮤니케이션에서는 '전략적인 PR'의 필요성이 어느 정도 인식된 듯하다. 커다란 발전이지만 세계적 추세로 보면 아직도 늦다. 지난 10년 사이에 등장한 페이스북이나 트위터, 인스타그램으로 대표되는 소셜 미디어와 스마트폰은 우리의 생활 인프라로 완전히 정착하였고, '보완 수단'이었던 디지털 마케팅이 주역을 담당하기 시작했다. '마케팅 디지털화'의 개막이다. 평범하게 말하자면 "10년이 채 못 되는 사이에 상당히 변했다."고 할 수 있다.

그래서 나는 이 타이밍에 《전략 PR》을 완전히 새롭게 써보기로 했다. 보편적인 사고방식과 틀은 그대로 두고 크게 두 가지 방향성을 업데이트한 것이다. 하나는 그동안의 급격한 정보환경 변화를 반영하는 것이고, 또 하나는 세계적인 관점을 도입하는 것이다. 이 업데이트를 통해서 세계적인 조류 속에서의 PR의 역할을 최신 마케팅 환경을 전제로 풀어낼 수 있었다고 자부한다.

8년 전에 출간한 《전략 PR》, 그 뒤에 출간한 《신판 전략 PR》을 이미 읽은 독자 여러분은 부디 그동안의 진화를 의식하면서 읽어주기 바란다. 그리고 이 책을 통해서 전략 PR을 처음 만나는 독자라면 선입관 없이 자극적이고 지적이고 흥미진진한 PR의 세계를 이해할 수 있기를 바란다.

공교롭게도 나 자신은 지난 8년 동안 쉬지 않고 PR과 관련된 일에 몰두해왔다. 그런 상황에서 생활하다 보면 무엇이 새로운 것이고 무엇이 바뀌지 않는 것인지 구분이 어려운 경우가 있다. 혹시라도 놓치는 부분이 없도록 세심한 주의를 기울여 집필했다고 생각하지만 여기저기에 부족한 부분이 남아 있을지도 모른다. 만약 그런 부분이 있다면 너그럽게 이해해주시기를 부탁드린다.

이 책과의 만남이 '행운'만으로 끝나지 않고 독자 여러분의 비즈니스나 업무에 나름대로 '의미 있는 영향'을 끼칠 수 있기를 바란다.

혼다 데쓰야

머리말 ·· 6

서장　구매하는 이유를 만드는 전략 PR

'구매하는 이유'의 대리전쟁 ······························· 18

사회적 상식을 바꾼다 ··· 20

의도적으로 속성순위전환을 만든다 ···················· 22

'좋은 유모차'라는 상식에 도전한 피죤 ················· 25

PR은 싸울 수 있는 토대를 만든다 ······················ 28

1장　전략 PR은 분위기 조성이다

분위기를 조성하다 ··· 32

PR이란 무엇인가 ··· 34

PR은 스텔스 마케팅인가 ····································· 37

소셜 미디어 침투로 세분화되는 분위기 ··············· 40

'분위기를 만든다'에서 '관심을 요리한다'로 ·········· 43

왜 PR을 해야 하는가 ··· 44

2장   사람을 움직이는 사회적 관심의 레시피

PR의 목적은 행동 변화에 있다 ──────────── 48

PR의 피라미드 구조 ──────────────── 50

글로벌 기업으로 성장한 컨커 ──────────── 54

사회적 관심을 요리하다 ──────────────── 58

관심 주제의 구조 ──────────────────── 60

사회적 관심을 요리하는 시나리오 ──────────── 65

3장   이것이 세계의 PR이다

PR이 서투른 일본 ──────────────────── 76

세계를 움직이는 글로벌 PR 회사 ──────────── 79

글로벌 PR 회사에서의 15년 ──────────────── 82

PR 작품이 다섯 배로 증가한 칸 라이언즈 ──────── 85

퍼블리시티는 '양치질'과 같다? ──────────── 86

전략 PR의 여섯 가지 요소 ──────────────── 90

대담   PR에 더 많은 창조성을!

PR의 역할은 무엇인가 ──────────────── 95

참신한 방법으로 합의 형성을 이끌어낸 대표 사례 ───── 96

칸 라이언즈 PR 평가 기준의 변천 ──────────── 98

행동 변화를 이끌어내야 하는 PR ──────────── 99

칸 라이언즈에서 배울 만한 세 가지 포인트 ──────── 100

좀 더 자유롭게! 좀 더 창조적으로! ──────────── 102

통합형 캠페인이 일본 PR의 강점 ──────────── 103

PR의 성과 지표를 재조명하다 ──────────────── 104

4장　공공의 요소 - 사회성을 담보하다

소셜 굿의 조류 ⸺⸺⸺⸺⸺⸺⸺⸺⸺ 108

집안일을 하지 않는 인도의 아버지들 ⸺⸺⸺ 109

이쿠멘은 이제 고루하다? ⸺⸺⸺⸺⸺⸺⸺ 112

세계적 공공과 지역적 공공 ⸺⸺⸺⸺⸺⸺ 115

솔루션의 실행 ⸺⸺⸺⸺⸺⸺⸺⸺⸺⸺ 118

스웨덴인의 이상적인 주택 ⸺⸺⸺⸺⸺⸺ 120

새로운 공공의 출현 ⸺⸺⸺⸺⸺⸺⸺⸺ 122

공공의 요소를 활용하다 ⸺⸺⸺⸺⸺⸺⸺ 123

5장　우연의 요소 - 우연성을 연출하다

사람은 우연에 이끌린다 ⸺⸺⸺⸺⸺⸺⸺ 126

우연의 효과 ⸺⸺⸺⸺⸺⸺⸺⸺⸺⸺⸺ 128

왜 유기견에게 자동차 운전을 시켰을까 ⸺⸺ 131

동영상과 분산형 미디어 ⸺⸺⸺⸺⸺⸺⸺ 133

Stop the Wedding ⸺⸺⸺⸺⸺⸺⸺⸺⸺ 136

포켓몬 GO와 러닝 붐 ⸺⸺⸺⸺⸺⸺⸺⸺ 138

우연의 요소를 활용하다 ⸺⸺⸺⸺⸺⸺⸺ 141

6장　보증의 요소 - 신뢰성을 확보하다

쇼군과 인스타그래머 ⸺⸺⸺⸺⸺⸺⸺⸺ 144

삼성의 자폐증 아동용 애플리케이션 ⸺⸺⸺ 145

사실 보증과 공감 보증 ⸺⸺⸺⸺⸺⸺⸺ 147

30명의 인플루언서를 채용한 유니클로 ⸺⸺ 150

마이크로 인플루언서 시대? ⸺⸺⸺⸺⸺⸺ 154

브라질의 화장품 기업과 타투 아티스트의 협업 ┈┈┈ 156

인플루언서의 창조적 활용 ┈┈┈ 158

술을 마셨으면 물에 들어가지 마라 ┈┈┈ 159

인플루언서의 발신과 전후 사정 ┈┈┈ 161

보증의 요소를 활용하다 ┈┈┈ 162

7장　본질의 요소 - 보편성을 발견하다

본질이 바꾸는 분위기 ┈┈┈ 166

세계가 극찬한 PR ┈┈┈ 167

모든 사람이 그렇게 생각하는 것 ┈┈┈ 169

자신의 이름으로 불리고 싶어 하는 여성들 ┈┈┈ 172

리바이벌 붐은 왜 일어나는가 ┈┈┈ 174

본질의 요소를 활용하다 ┈┈┈ 177

8장　공감의 요소 - 당사자성을 갖게 하다

공감하지 않으면 움직이지 않는다 ┈┈┈ 180

필립스가 결성한 호흡기 질환 환자들의 합창단 ┈┈┈ 181

이야기의 힘은 강력하다 ┈┈┈ 185

자기 투영과 이야기식 접근법 ┈┈┈ 188

평범한 이웃집의 영향력 ┈┈┈ 190

N=1의 힘 ┈┈┈ 192

인사이트는 소비자의 진심이다 ┈┈┈ 195

공감의 요소를 활용하다 ┈┈┈ 197

9장   재치의 요소 - 기지성을 발휘하다

이거 한 방 먹었는데! ─────────────── 200

버거킹이 갑작스럽게 발매한 신상품의 비밀은? ─────── 202

당했다는 느낌이 가져오는 효과 ─────────── 204

퍼레이드가 머쓱해진 독일의 신나치주의 단체 ─────── 208

PR에 요구되는 창조적 기지 ───────────── 210

재치의 요소를 활용하다 ─────────────── 213

종장   세계를 움직이는 PR

우리가 만들어서 세계를 움직인다 ─────────── 216

세계가 구매하는 이유를 만든다 ─────────── 217

관심 주제의 구조를 응용한다 ───────────── 219

세계인의 마음을 훔친 정리의 힘 ─────────── 221

미디어가 미디어를 부르는 현상 ─────────── 223

정리와 관련된 행동 변화가 일어났다 ───────── 225

곤도 마리에의 마법은 왜 세계를 움직일 수 있었는가 ─── 228

강점을 '번역'하여 세계의 관심과 연결한다 ─────── 230

PR은 세계의 분위기 메이커 ───────────── 231

마치고 나서 - PR은 건전한 기획이어야 한다 ─────── 232

구매하는
이유를 만드는
전략 PR

————————————————

'구매하는 이유'의 대리전쟁

매년 셀 수 없을 정도로 많은 새로운 상품들이 세상에 나온다. 우리는 하루에 약 4천 개가 넘는 기업의 브랜드 메시지를 대하고 있으며, 새로운 상품 중 70%는 10년 내에 모습을 감춘다(우메자와 노부요시, 《히트 상품 타율》). 생활필수품으로서의 상품은 더욱 진보했고 테크놀로지 또한 범용화되고 있다. 따라서 상품이나 서비스 자체에서 차별화를 두기는 어려워졌다. 이것이 현재 우리가 놓여 있는 상황이다.

이런 시대에 비즈니스나 마케팅 현장에서는 '어떤 경쟁'이 이루어지고 있을까? "경합을 벌이고 있는 타사와의 경쟁이나 카테고리에서의 시장 점유율 쟁탈전이겠지요."라는 말이 첫 번째로 듣는 말이다. 맞는 말이기는 하지만 약간 애매하지 않은가? 이 시점에서 단언하겠다. 지금 발생하고 있는 현상은 '구매하는 이유'끼리의 싸움이다.

정보 홍수와 소비 포화 시대에는 상품 그 자체의 차별화가 어렵다. '물욕(物慾)'의 대상도 변한다. 소비자들의 가처분 시간 쟁탈이 심해지면서 '적'은 동일한 카테고리 안에 있는 라이벌만이 아니다. 그렇기 때문에 상품이나 서비스 자체보다는 '구매하는 이유' 쪽이 더 중요하다. 애당초 그 상품이 필요한 것인가? 그렇다면 왜 그 상품이 필요한 것인가 하는 이유다.

'마인드 셰어(mind share; 마음 점유율)'라는 개념이 있다. 특정 브랜드나 상품에 소비자들이 어느 정도나 호감을 느끼는가 하는 비율이다. 이것은 '시장 점유율'과는 다른 기준이며, 마케팅의 기초적인 요소다.

그러나 지금 주시해야 할 것은 '상품'의 마인드 셰어가 아니라 오히려 '구매하는 이유'의 마인드 셰어다. 예를 들어, 자동차라는 카테고리 안에서 '브랜드 A보다 브랜드 B의 마인드 셰어가 높다'는 것보다 먼저 그 사람의 마음속에 '구매하는 이유'를 만들어내야 한다는 것이다. 거기에서 문제의식이나 기회를 만들어내는 것이 현시대에는 성공과 연결된다. 상품끼리, 브랜드끼리의 경쟁은 이제 '구매하는 이유'의 대리전쟁에 지나지 않는다. 그렇기 때문에 앞으로는 발상을 바꾸어야 한다.

'상품을 만든다'는 사고방식보다 '구매하는 이유를 만든다'는 사고방식이 중요하다. 획기적인 상품을 기획하는 것도 당연히 중요하지만 그와 동시에 '구매하는 이유에 관한 획기적인 기획'도 중요하다. 구매하는 이유에 관한 획기적인 기획은 상품의 이름이나 가격이나 패키지에 공을 들이는 것이 아니다. 그렇다고 효과적인 프로모션을 생각하는 것도 아니다. 그런 것들과는 전혀 다른 접근 방식이 필요하다.

"이해할 수 있을 것 같기도 하고 아닌 것 같기도 하고…. 구체적으로 어떤 접근을 말하는 거지?"

당연히 이런 의문이 들 것이다. '구매하는 이유'란 무엇일까? 이른바 '소비자의 욕구'와도 약간 다른 '구매하는 이유'의 정체는 무엇일까?

사회적 상식을 바꾼다

우리는 어떤 카테고리에 대하여 어느 정도의 공통 인식을 가지고 있다. 예를 들면 '좋은 자동차는 친환경 자동차'라는 식이다. 하지만 이런 '좋은 ○○=●●'이라는 인식, 다시 말해 사회적 상식은 어느 시대에나 같은 것이 아니다. 오히려 시대와 함께 변한다.

자동차를 예로 들어보자. 1980년대 일본에서 '좋은 자동차'라고 하면 도요타의 소아라(SOARER)나 닛산의 실비아(SILVIA) 등 모양이 좋은 쿠페가 주류를 이루었다. 그런데 1990년대로 접어들어서는 도요타의 세르시오(Celsior)나 닛산의 시마(Cima) 등 화려하고 승차감이 좋은 자동차가 '좋은 자동차'를 대표하게 된다. 2000년대에는 혼다의 스텝 왜건(Step WGN)이나 닛산의 세레나(Serena)처럼 자녀와 함께 외출하기 편리하게 차내 공간이 갖추어진 자동차가 '좋은 자동차'의 조건으로 바뀌었다. 그리고 2010년대부터는 도요타의 프리우스(Prius)나 닛산의 리프(Leaf)로 대표되는 친환경 자동차가 '좋은 자동차'의 대명사가 되었다.

물론 자동차에는 기호라는 게 있다. "아니야. 나는 예나 지금이나 고성능의 미국산 자동차가 좋아!"라고 말하는 사람도 분명히 있을 것이다. 여기에서 말하고 싶은 것은 어느 정도의 지지를 받고 있는 사회적인 인식 수준이다. 자동차의 예는 이해하기 쉬울 것이다. 이처럼 '좋은 자동차'에 관한 '사회적 합의'는 10년 주기 정도로 변하고 있다. 바꾸어 말하면 '좋은 ○○'의 새로운 정의가 되풀이되고 있다는 뜻이다.

P&G에서 세탁 세제 '아리엘(Ariel)'의 살균 도입을 지휘하고 현재는 시세이도저팬의 집행임원인 오토베 다이스케(音部大輔)는 이것을 '속성순위전환(屬性順位轉換)'이라고 부른다. 그의 말을 인용해보자.

"어떤 연대의 자동차라도 모두 '좋은 자동차'라 할 수 있지만 그 정의는 매우 다르다. 정의에는 두 종류가 있다. 우선 소비자의 욕구라는 포괄적 정의다. 이것을 '드라이브를 하고 싶다!'라고 하자. 이 포괄적 정의에 대해 '그럼 성능이 좋고 모양이 좋은 쿠페를!'이나 '그렇다면 아이들과 함께 움직일 수 있는 공간이 넓은 자동차를!', '그럼 비용이나 환경에 부담이 없는 자동차를!'이라는 식으로 생각할 수 있는데, 이것이 구체적인 속성이다. 포괄적인 정의를 바꾸는 것은 어려운 일이지만 속성은 바꿀 수 있다. 그것이 속성 순위를 전환한다는 것이다."

속성순위전환이 적용되는 경우는 꽤 많이 있다. 세탁 세제를 예로 들어보겠다. '하얗게 세탁해주는 것이 좋은 세제'였던 속성이 2000년경부터 '살균 능력이 있는 것이 좋은 세제'라는 속성으로 전환되었다. 자동차운전학원의 경우는, '엄격하게 가르쳐주는 곳이 좋은 학원'이었던 것이 최근에는 '칭찬을 해서 실력을 향상시켜주는 곳이 좋은 학원'으로 전환되고 있다.

생각해보면 아이돌도 '멀리 떨어져 있는 동경의 대상'에서 '마음만 먹으면 만나러 갈 수 있는 대상'으로 바뀌었다. 그런 의미에서 일본 걸그룹 AKB48의 기획은 아이돌 시장에서의 속성순위전환을 이루었다고 볼 수 있다.

이것은 '구매하는 이유'와도 큰 관계가 있다. '좋은 ○○'이라는 정의가 A에서 B로 바뀐다는 것은 '구매하는 이유'도 변한다는 의미이기 때문이다. 속성순위전환, 즉 '좋은 ○○'을 새롭게 정의한 결과 새로운 '구매하는 이유'가 탄생하는 것이다.

의도적으로 속성순위전환을 만든다

속성순위전환을 의도적으로 만들려면 어떻게 해야 좋을까? 자동차의 예처럼 속성의 전환은 커다란 사회 변화(가족

중시 풍조 등)의 영향을 받거나 혁신적인 테크놀로지(하이브리드 기술 등)가 계기가 되어 발생한다. 그렇다면 속성 전환을 기대하려면 세상의 흐름이 바뀌거나 최신 기술이 등장하기를 기다리는 수밖에 없는 걸까?

그렇지 않다. 속성순위전환을 의도적으로 만드는 방법론, 이것이 바로 '전략 PR'이다. 전략 PR을 이용하여 '좋은 ○○ =●●'이라는 사회적 상식을 바꾸고 '구매하는 이유'를 새롭게 만들어낼 수 있다.

한 가지 예를 들어보자. 일찍이 세탁용 세제 분야에서 속성순위전환을 실현한 P&G의 '아리엘'의 배경에는 전략 PR 구조가 있었다. '한 스푼만으로도 놀라울 정도로 새하얗게' 는 1987년에 발매된 가오(KAO)의 합성세제 '어택(Attack)'의 유명한 캐치카피다. 어택의 등장에 의해 일본에서의 '좋은 세제'는 오랜 세월 동안 '하얗게, 깨끗하게 세탁이 되는 세제'였다. 라이벌인 P&G나 라이온의 상품 카피도 '이 깨끗함을 비교해보세요'나 '정말 하얗지요?'라는 식으로 가오의 카피를 모방했다. 이처럼 '좋은 세제는 하얗게 세탁해주는 세제'가 사회적인 상식이었다.

그런데 2000년대가 되어 P&G의 '아리엘'이 이런 상식을 단번에 뒤집어버렸다. 아리엘은 세탁용 세제 시장에 '살균' 이라는 속성을 새롭게 도입했다. 캐치카피도 '세정 능력에 살균 능력까지'로 바꾸고 살균 효과가 높은 세제라는 점을 특징으로 삼았다.

그러나 세제의 속성 순위를 바꾸기에는 아직 부족했다. '좋은 세제=살균'으로 만들려면 '왜 세탁을 할 때에 살균 기능이 필요한가' 하는 이유, 즉 '구매하는 이유'를 주부들에게 널리 알려야 할 필요가 있었다.

그래서 P&G가 실행한 방식이 세제 계발에 대한 전략 PR이다. 우선 P&G는 세균 전문가와 공동 실험을 실시했는데, 세탁 건조 이후의 수건에서 1그램당 약 220만 개의 세균이 검출되었다. 또 세탁물에 남아 있는 세균이 그것을 말리는 과정에서 손으로 옮겨질 수 있다는 사실도 검증되었다. 그리고 소비자 조사에 의해 세탁과 식사 준비를 동시에 하는 가정이 70% 이상이라는 것, 세탁물을 건조대에 넌 후 손을 씻지 않는 주부가 80% 이상이라는 것도 알 수 있었다.

P&G는 이런 정보를 정리하여 살균 세제 계발 정보로서 미디어에 제공했다. '깨끗해졌어야 할 빨래에 세균이 남아 있다'는 뉴스는 즉시 신문과 텔레비전 등 매스컴의 흥미를 불러일으켰고 "주부님들, 주의하세요! 세탁물에 남아 있는 세균!", "세탁할 때 주의! 증식하는 세균!" 등의 헤드라인이 전국지 생활면과 와이드 쇼에 소개되었다. '세탁에는 살균도 필요하다'는 분위기가 형성된 것이다. '살균 세탁'에 관한 보도가 확대될수록 사람들은 살균 기능을 내세우는 아리엘을 찾았다. 이렇게 해서 아리엘은 세탁용 세제에서의 속성 순위를 멋지게 전환시켰다.

이처럼 '구매하는 이유'를 만드는 것이 전략 PR의 역할이다. 새로운 '구매하는 이유'를 세상에 창출해내는 방식을 통해 속성 순위를 의도적으로 전환시키는 것이다. 여기에서는 '원조'라고도 말할 수 있는, 이해하기 쉬운 아리엘의 사례를 소개했지만 최신 사례도 살펴보자.

'좋은 유모차'라는 상식에 도전한 피죤

피죤(Pigeon)은 젖병이나 이유식 등 유아 용품 전반을 제조하는 일본의 기업이다. 아이가 있는 가정이라면 이 회사의 상품을 한 개 정도는 이용해본 적이 있을 것이다. 그 정도로 유아 용품 업계에서는 압도적인 지명도를 자랑하는 피죤이지만 유모차 부문에서는 고전을 면치 못하고 있었다.

당시 일본 시장은 같은 업종에서 아프리카(Aprica)와 콤비(Combi)가 약 80%의 시장을 점유하고 있었다. 그에 비해 피죤의 시장 점유율은 5% 이하였다. 그런 상황에서 유모차 시장에 본격적으로 뛰어드는 기폭제로 피죤은 2014년에 신상품 '란피(Runfee)'를 투입하기로 결정했다.

지금까지 일본에서 '좋은 유모차'라고 하면 '가볍다', '패셔너블하다' 등의 인식이 주류였다. 후발 주자인 피죤이 이런 속성을 따라가서는 두각을 보일 수 없는 상황이었다. 타사와의 차별화를 만들어낼 수 있는 란피의 새로운 속성을 내세워야 했다. 다양한 요소들이 검토되었지만 최종적으로 피죤이 주목한 것은 란피의 '커다란 바퀴'였다.

일반적인 유모차 바퀴의 지름은 13.8센티미터지만 란피는 그보다 큰 16.5센티미터였다. 바퀴가 크기 때문에 높은 턱을 넘기 쉽다는 특징을 가지고 있었다. 피죤은 '좋은 유모차는 커다란 바퀴'라는 식으로 속성 순위를 전환한다는 목표를 정했다.

그다음 문제는 '구매하는 이유'였다. 왜 커다란 바퀴를 갖춘 유모차를 구매해야 하는 것일까? 그 이유를 세상에 제시하고 보는 눈이 냉정한 어머니들을 납득시켜야 했다. 이 역할을 담당하기 위해 전략 PR이 전개되었다.

피죤은 우선 유모차 이용자 1천 명을 대상으로 의식 조사를 실시했는데, 80%가 유모차로 턱을 넘을 때 스트레스를 받는다는 사실을 알 수 있었다. 그러나 유모차를 구입하는 시점에 턱을 넘을 때의 편리성을 중요하게 생각하는 사람은 1%도 되지 않았다. 유모차를 사용할 때 가장 중요한 것은 '아이의 안전성'이라고 대답한 사람이 전체의 55.7%라는 높은 결과로 나타났다.

따라서 '왜 턱을 넘을 때 힘든 것이 문제가 되는가?'를 밝히는 것이 PR의 핵심 포인트였다. 80%나 되는 사람들이 느끼는 '턱을 넘을 때의 스트레스'는 대체 어느 정도의 충격을 주는지를 임팩트 요소로 만들어 소개하는 것을 전략 PR의 미션으로 정했다.

턱을 넘을 때의 충격을 실제로 증명하기 위해 선발된 것은 갓난아기의 '흔들린 아이 증후군(Shaken Baby Syndrome)'의 원인을 규명한 도쿄공업대학 및 산업기술종합연구소다. 디지털휴먼공학을 이용해 실증실험을 한 결과, 턱에 걸려 덜컹거렸을 때 유모차에 가해지는 충격은 '자동차가 급브레이크를 밟을 때의 다섯 배'에 해당한다는 사실이 증명되었다. 그리고 일반적인 지름의 타이어를 갖춘 유모차보다 란피 쪽이 훨씬 충격을 덜 받으며 턱을 넘을 수 있다는 사실도 증명되었다.

이 사실은 PR의 강력한 무기였다. 정보를 정리해서 미디어에 발표하자 예상대로 엄청난 반향이 일었고, 전국지 신문에 '차도와 인도의 경계 턱에서의 위험성 경감'이라는 기사가 크게 게재되었다. '충격을 완화시켜주는 유모차에 주목!'이라는 기사 제목 아래 피죤의 란피에 관해서도 언급되었다.

2014년 12월에는 도쿄에서 제품 발표회를 실시했다. 약 100명의 미디어 관계자가 참석한 이벤트에 탤런트 세토 아사카(瀬戸朝香)도 엄마들을 대표해 등장하여 '턱을 넘을 때의 스트레스'에 관하여 이야기했다. 그리고 재타격을 가하듯 이 PR 스토리를 토대로 한 방송 광고 등을 2015년부터 전개하기 시작했다.

캠페인은 결과적으로 대성공을 거두었다. '턱을 넘을 때의 충격이 적다'는 요소는 유모차를 선택할 때의 새로운 기준이 되었고, 300군데가 넘는 미디어에서 '턱을 넘을 때의 충격이 적은' 유모차로 란피를 소개했다. 쐐기 역할을 한 것은 한 일간지의 '신제품 배틀'이라는 유명한 코너였다. 기사에서는 세 종류의 유모차가 소개되었는데, 1, 2위를 다투는 아프리카, 콤비 제품과 나란히 피죤의 란피가 '커다란 바퀴로 턱도 가볍게'라는 캐치프레이즈로 등장했다. '좋은 유모차'의 정의로서 '커다란 바퀴'가 인정을 받은 것이다.

이런 노출은 유아 용품점 등에도 영향을 끼쳤다. 점원은 유모차를 선택하는 판단 기준의 하나로 커다란 바퀴를 권하게 되었고, 그 이유를 납득한 어머니들은 란피를 구입했다. 그야말로 전략 PR을 통하여 '구매하는 이유'를 세상에 널리 알려 속성순위전환을 이룬 것이다.

란피는 발매 이후 약 두 달 만에 연간 판매 예상 수치의 35%에 해당하는 7천 대가 판매되었고, 고가 유모차 시장에서의 피죤의 시장 점유율은 12.6%까지 확대되었다.

PR은 싸울 수 있는 토대를 만든다

이제 속성순위전환이 마케팅에서 얼마나 중요한지, 그리고 그 토대를 만드는 것이 전략 PR이라는 것을 어느 정도 이해했을 것이다.

사회적 상식을 바꾼다. 새로운 '구매하는 이유'를 낳는다. 이렇게 생각하면 PR이 비즈니스에서 얼마나 중요한 역할을 하는지 이해할 수 있을 것이다. 그러한 PR의 치밀함, 대담함, 그리고 재미를 이 책을 통해 소개하고 싶다.

이제 도입부에 해당하는 서장도 마칠 때가 되었다. 독자 여러분의 PR에 대한 흥미가 한층 더 높아졌기를 기대하면서 다음 내용으로 진행하고자 한다.

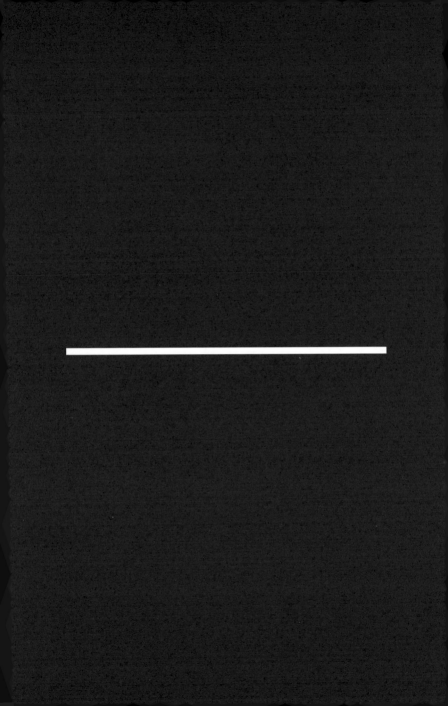

전략 PR은
분위기 조성이다

_____ 1장

분위기를 조성하다

"같은 상품 카테고리인데 왜 '팔리는 상품'과 '팔리지 않는 상품'이 존재하는 것일까? 그것은 '상품'이나 '광고'의 문제가 아니다. 그 상품이 팔릴 수 있는 '분위기'가 형성되어 있는가 하는 것이 문제다. 상품을 판매하기 위해 만들고 싶은 분위기, 즉 '대중 여론'을 만들고 매상과 연결시킨다. 그것이 '전략 PR'이다."

2009년에 출간한《전략 PR》에서 내가 주장한 내용이다. '정보 홍수'와 '의심 많은 소비자'의 등장 등 극적으로 변화한 환경 속에서 어떻게 해야 상품의 장점을 이해시킬 수 있을까, 어떤 미디어를 이용해야 상품의 장점이 잘 전달될 수 있을까, 무엇을 해야 소비자들이 관심을 가질까…. 기업과 광고 업계는 그야말로 필사적으로 몸부림을 쳤다. 전략 PR은 그런 사람들에게 새로운 관점을 선물했을 것이다. 지금까지의 광고 캠페인 주도형 방식과는 발상 자체가 다르기 때문이다.

'분위기를 만든다'는 것은 어떤 것인가? 여러분이 이해하기 쉽도록 '기저귀' 사례를 소개하겠다.

그 기저귀는 기존 제품보다 얇고 흡수력도 향상된 신상품이었다. 하지만 그런 장점을 구매층인 부모들에게 어떤 식으로 전달해야 할까? 왕도에 해당하는 방법은 텔레비전 광고를 통해 브랜드를 알리고, 판매점에서의 적극적인 홍보를 통해 소비자들에게 알리는 것이다. 그러나 브랜드 인지율은 이미 100%에 이른 상태다. 또한 판매점은 가격 경쟁이 가장 치열하게 이루어지는 곳이다.

그래서 해당 기업은 전략 PR을 착안했다. 구체적으로는 '갓난아기의 수면'을 화제로 삼아 '쾌적한 수면 환경을 제공해주는 기저귀'를 구매 의욕과 연결시켰다. 즉, '분위기 조성'을 실행함으로써 그것을 상품과 연결시킨 것이다.

기업은 우선 유아 수면 전문가와 협력하여 '갓난아기의 수면'에 관한 국제 조사를 실시했다. 일본 갓난아기의 수면 환경이 얼마나 문제가 있는가(일본의 갓난아기 중 약 50%가 밤 10시 이후까지 깨어 있다는 점 등)를 데이터로 정리해서 그것을 발표했다. 이 사실을 매스컴이 일제히 보도했고, 소셜 미디어에서도 관심이 급증하면서 '갓난아기의 수면이 문제다'라는 분위기가 약 두 달 만에 형성되었다.

이 타이밍에서 기업은 최소한의 투자로 광고와 홍보 시책을 전개했다. 메시지는 당연히 "여러분의 아이의 쾌적한 수면을 생각한 브랜드입니다."였다. 그 결과, 갓난아기 수면과 관련된 분위기 조성과 그 해결책으로 자리매김한 상품이 호응을 얻으면서 매상이 향상되었다.

주목해야 할 점은 인터넷 보급을 통해 정보 콘텐츠의 주체가 기업에서 소비자로 이행됨으로써 '우리는 이러이러하다'라는 식으로 기업에서 정보를 내보내는 것보다, 그 정보에 관한 보도나 입소문의 영향력이 증가했다는 것이다.

이러한 미디어 상황에서는 기업이 정보를 제공하는 '주어'로서의 역할만 해서는 부족하다. 기업들도 이제는 '제삼자의 화법'을 도입해야 한다는 사실을 깨닫기 시작했다. 2008년의 리먼 쇼크 이후 세계적으로 광고 투자를 재조명하게 된 것도 그런 상황을 뒷받침했다. 그러면서 '전략 PR'이 크게 주목을 받았다. 하지만 세계적으로 보면 전략 PR 자체는 기존에 존재했던 발상이다. 다음 항에서도 설명하겠지만 PR은 본래가 전략적이어야 한다.

전략 PR이 일본에서 단번에 주목을 받은 이유는 기업이나 광고 업계 종사자들의 마음에 '분위기'라는 말이 강하게 각인되어 있었기 때문이리라. 일본인은 예로부터 '분위기'를 중시해왔다. 남녀노소를 가리지 않고 '분위기'라고 하면 감각적으로 어떤 의미인지 잘 이해하는 편이다.

PR이란 무엇인가

여기에서 잠깐 'PR이란 무엇인가'에 대하여 이야기해보자. PR을 이해하고 있는 독자는 건너뛰어도 된다. PR이란 본래 퍼블릭 릴레이션스(Public Relations)의 약칭으로, 직역을 하면 '공적인 관계성'이라는 의미다. 예를 들어 기업이라면 소비자는 물론이고 주주나 거래처에 해당하는 기업, 종업원, 미디어, 전문가 등 주변의 이해 관계자들과 바람직한 관계를 구축하고 유지해야 한다. 약간 어려운 이야기이지만 중요한 것은 '기업이나 조직이 어떤 식으로 세상과 적절한 관계를 유지하는가' 하는 점인데, 그렇게 하기 위한 전략이나 노하우를 총칭하는 말이 'PR'이다.

흔히 PR이라고 하면 '퍼블리시티(publicity; 광고)'라고 생각한다. 즉, 광고주를 숨기고 신문·잡지 등의 기사나 라디오나 텔레비전 방송 등을 이용하여 자연스럽게 광고를 하는 것을 가리킨다. 그래서 미디어에서 다루도록 하기 위해 홍보성 프레스 릴리스(press release; 정부, 기업 등이 매스컴에게 주는 정보)를 작성한다. 맥이 빠지는 이야기다!

그런가 하면 PR을 '홍보'라고도 한다. 홍보의 정의는 '개인 또는 조직이 그와 관련이 있는 공중의 이해와 협력을 얻기 위해 자신이 지향하는 방향과 정의를 모든 커뮤니케이션 수단을 통하여 전달하고 설득하는' 것이다. 또는 많은 학생들이 취업 활동에서 제출하는 '자기소개(자기 PR)'를 먼저 떠올리며 'PR은 판매하는 것'이라고 오해하기 쉽다.

하지만 PR의 기원은 18세기 후반 미국의 독립전쟁으로 거슬러 올라간다. 당시 미국에서는 영국으로부터 독립을 이루기 위해(사업 목적) '어떤 식으로 여론을 환기시켜야 하는가(PR 전략)' 고민하고 여러 가지 방법을 활용했다. 그것이 정치에서

광고		PR
구매한다	광고 공간을 구매하는가? 광고 공간을 구매하지 않는가?	구매하지 않는다
낮다	신뢰성이 높은가? 신뢰성이 낮은가?	높다
쉽다	컨트롤하기 쉬운가? 컨트롤하기 어려운가?	어렵다

표 1. 광고와 PR의 차이

출발하여 민간 기업의 마케팅으로 응용되어온 것이다.

그럼에도 여전히 '광고와 PR의 차이는 무엇인가' 하는 물음이 제기되고 있다. 표 1을 살펴보자. 지난 몇 년 사이에 광고와 PR의 융합도 진행되었기 때문에 어디까지나 '교과서적'인 정리다.

첫 번째는 신문, 잡지, 텔레비전 프로그램, 인터넷 사이트 등에서 광고를 넣는 공간이나 시간대에 해당하는 '광고 공간'을 구매하는가 하는 문제다.

광고는 텔레비전이나 잡지의 '틀'을 구입해서 거기에 기업이 보여주고자 하는 내용을 올린다. 여기에 반하여 PR은 미디어나 인플루언서(influencer; 영향력을 가진 사람)에게 '정보'를 제공할 뿐이다. 그 내용을 소개하는 것은 미디어나 인플루언서의 판단이다. 이것이 두 번째의 '신뢰성'과 연결된다. 돈을 지불하고 하고 싶은 말을 하는 것과 제삼자의 보도나 입소문을 통해 전해지는 것, 이 중에서 어느 쪽이 더 신뢰를 얻기 쉬운지는 자명하다.

마지막으로 '컨트롤하기 어렵다'는 것이다. 이것은 PR의 약점이기도 하다. 발신하고 싶은 정보를 언제, 어디에서 어떤 형식으로 세상에 내보낼 것인가 하는 문제를 다른 사람에게 맡기는 것이기 때문에 100% 컨트롤은 불가능하다. 반대로 페이드 미디어(paid media; 유료 미디어) 광고의 강점은 여기에 있다.

PR은 스텔스 마케팅인가

지난 몇 년간 뉴스를 통해서 흔히 보고 들은 말 중에 '스텔스 마케팅(stealth marketing; 비노출 광고)'이라는 말이 있다. 사전에서 스텔스 마케팅은 '소비자가 광고라는 사실을 깨달을 수 없도록 하는 광고 행위'라고 설명하고 있다.

일본에서 스텔스 마케팅이 널리 인지된 것은 2012년 발생한 '페니오크 사건' 때문이다. 입찰할 때마다 수수료가 필요한 인터넷 옥션 사이트, 이른바 페니 옥션(penny auction) 사이트가 무대가 된 사기 사건으로, 사실상 낙찰을 받을 수 없는 상품을 마치 낮은 가격에 낙찰받을 수 있는 것처럼 위장하여 블로그에 소개한 여러 명의 연예인이 적발되어 연예계에서 추방을 당했다.

세계적으로도 스텔스 마케팅과 관련된 보고가 눈에 띄기 시작한 것은 2005년경부터인데, 이것은 블로그나 SNS의 개인 발신 미디어의 등장과 시기가 비슷하다. 공교롭게도 미디어 환경의 변화로 인해 영향력이 커진 입소문이나 PR 방법이 성과를 낼수록 그것을 쉽게 이용하려는 발상이 스텔스 마케팅과 연결되었다. 스텔스 마케팅은 그런 새로운 마케팅 방법의 '어두운 면(dark side)'으로 등장한 것이다.

스텔스 마케팅은 그 후에도 확장세를 보여 일본 특유의 '논 크레디트(non credit) 광고 기사'로까지 발전했다. 그런데 광고주가 돈을 지불한 콘텐츠인데, 표기(크레디트)가 없다는 것이 문제가 되었다. 그러자 2015년에 야후가 이러한 논 크레디트 기사를 다루는 미디어를 배제하겠다고 선언했고, 실제로 'Yahoo! 뉴스'에서는 일부 뉴스 제공사와의 계약을 해지했다.

중요한 점은 "속셈을 감추고 선전하는 행위를 하지 마라!"는 것으로, 그 지표 자체는 법적으로도 윤리적으로도 정당성이 있다. 교활한 스텔스 마케팅은 박멸되어야 한다. 문제는 'PR=스텔스 마케팅'이라는 생각이 은연중에 양성되었다는 것이다. 'PR=퍼블릭 릴레이션스'라는 이해가 아직 부족한 상태에서 이것은 위협적이다. 그렇기 때문에 PR을 하는 사람이나 기업은 지침을 확실하게 가지고 임해야 한다. 물론 위축될 필요는 없다. 단, 그것을 받아들이는 소비자의 입장에서는 먼저 정보의 배경을 의심해보아야 한다. 그 배경에 '특정의 이해'가 감추어져 있지 않은지를 판단하여 그릇된 정보로부터 스스로를 보호해야 한다.

여기에서는 스텔스 마케팅과 PR의 차이에 해당하는 두 가지 중요한 관점을 일러두겠다.

관계성 명시의 관점

첫 번째는 정보 개시와의 관련성이다. 상대방이 미디어이건 인플루언서이건 PR 주체 기업이나 조직과 금전 관계가 있는가 하는 것이 논점이다. '금전 관계가 있기 때문에 나쁘다', '금전 관계가 없으니까 괜찮다'라는 의미가 아니라, '무엇에 대한 대가였는가' 하는 점이다. 예를 들어 인플루언서에게 물품을 제공하는 경우, '소개해줄 것을 기대하고 제공한다'는 것은 상관이 없지만 '소개해주는 대가로 제공한다'는 것은 문제가 있다. 이것을 '관계성 명시'라고 한다.

편집권 소재의 관점

두 번째는 '편집권' 또는 '편성권'이다. 이것은 '제공된 정보를 어떻게 취급하는가'에 대한 권리다. '어떻게 취급하는가'에는 내용은 물론이고 타이밍도 포함된다. 텔레비전이라면 언제 방송하는가, 신문이라면 언제 기사화하는가, 블로거라면 언제 글을 올리는가. 그것이 PR 활동의 일환이라면 아무리 예산이 풍부하더라도 편집권을 구매하는 일이 발생해서는 안 된다. 권리 소재가 기업이 아니라 미디어 등 제삼자에게 있다는 사실이 중요하다. 바꾸어 말하면 편집권 자체를 구매하면 그것은 '광고'가 된다.

소셜 미디어 침투로 세분화되는 분위기

시대는 변화했다. 지난 10년 사이에 가장 큰 변화는 소셜 미디어의 침투와 스마트폰의 보급이다. 2009년에 출간된 《전략 PR》에는 스마트폰, 페이스북, 트위터, 인스타그램 등의 단어는 전혀 등장하지 않는다. 기껏해야 '블로그' 정도다(당시는 블로그 전성기였다). 트위터나 페이스북이 일본에서 본격화된 것은 2010년부터 2011년에 걸쳐서다. 지금은 일상이 된 '라인(LINE)'은 동일본대지진 이후에 개발되었다. 또 두 명 이상의 가구에서의 스마트폰 보급률은 67.4%, 타임 시프트(time shift; 텔레비전 프로그램을 비디오로 녹화해두는 일)를 시청하는 데에 빼놓을 수 없는 DVD 레코더 보급률은 57.2%다(내각부 '소비동향조사' 참고).

테크놀로지의 진화는 화려하다. 하지만 성가신 상황도 가져왔다. '사람들의 관심의 다층화'와 그로 인한 '분위기의 세분화'다. 사람들은 소셜 미디어에서 연결되기 시작했다. 처음 소셜 미디어에서는 '아는 사람'이라는 조건이 연결을 결정했지만 이윽고 같은 관심 — 취미, 일, 가치관 등 — 을 가진 사람들끼리 강하게 연결시켰다. 그리고 거기에서는 당연히 '공통적으로 관심을 가진 대상에 관한 정보'가 유통되기 시작했다.

한편 스마트폰이라는 디바이스가 등장하면서 우리가 정보를 입수하는 방식은 극단적 '개인 맞춤형(personalize)'으로 변했다. 뉴스 미디어에서조차 '개인이 원하는 정보'에 맞추어 송신을 하고, 그 결과 우리에게는 '관심이 있는 정보'만이 점차 쌓여간다.

개인의 관점으로는 깨닫기 어렵지만 전체를 보면 특정 관심 대상으로 연결된 층이 밀푀유(millefeuille; 페이스트리 사이사이에 크림을 넣어 만든 디저트)처럼 쌓여가는 것이 현재 우리가 살고 있는 세상이다. 그리고 이것은 세계적인 추세이기도 하다.

미국의 대통령 선거를 예로 들어보자. 미국 대통령 선거 캠페인은 전략 PR의 최고봉이라고 불린다. 2009년에 출간한 《전략 PR》에서는 2008년 11월에 탄생한 오바마 대통령의 캠페인을 '거대한 분위기 조성'의 한 예로 소개했다. 오바마 진영의 전략 PR 기획자는 대규모 조사를 통해 "많은 사람들이 미국 국민으로서의 '긍지'는 잃지 않았지만 '자신감'을 잃고 있다."는 상황을 분석했다. 그래서 자신감을 되찾으려면 무엇인가를 바꾸어야 한다는 분위기, 변화가 필요하다는 여론을 환기시키기로 결정했다. 오바마를 '그 변혁을 이뤄낼 수 있는 사람'으로 자리매김시키는 작전이었다. 여기에서 'Change'라는 캐치프레이즈가 탄생했다. '변화가 필요하다'는 분위기가 확대될수록 '경험(experience)'을 내세우는 클린턴이나 매케인은 열세로 몰리는 구조다. 이 PR 작전은 성공을 거두었고 전 세계 모든 사람들이 알고 있듯 미국의 첫 아프리카계 대통령이 탄생했다. 그야말로 국민적인 관심을 포착하고 여론을 환기시킨 뒤 그 해결책으로 오바마를 집어넣은 것이다.

그로부터 8년이 지난 2016년, 전 세계의 이목을 집중시킨 도널드 트럼프와 힐러리 클린턴의 대통령 선거는 어떠했을까? 트럼프 대통령의 탄생은 세계를 깜짝 놀라게 했지만 거기에는 오바마의 경우처럼 이해하기 쉬운 '분위기 조성'은 없었다. 트럼프의 승리는 철저하게 미국 백인 노동자층의 답답함에 호응했기 때문이라고 사후 분석을 하는데, 이것은 특정 계층의 개별적인 관심에 대해 분위기 조성을 한 것이라고 할 수 있다. 패배한 클린턴 진영은 이 '잠재적인 분위기'를 읽을 수 없었고 여성층을 향한 분위기 조성에도 실패했다. 그때까지 세상을 이끌어온 것처럼 보였던 백인 엘리트층이나 미디어도 마찬가지로 잘못 판단했다. 원래부터 다양성이 존재했던 미국이지만 사람들의 관심사는 더욱 다층화되었고 분위기 역시 세분화되고 있다.

'분위기를 만든다'에서 '관심을 요리한다'로

물론 특정 관심을 넘어 큰 화제가 될 수 있는 '국민적 뉴스'나 '국민적 히트'도 여전히 존재한다. 중요한 것은 사회적 관심이 다층화되고 있으며, 거기에는 거대한 '분위기'와 보다 소규모의 '분석된 분위기' 같은 것이 동시에 존재한다는 점이다. 예를 들면 '외부의 분위기'와 '내부의 분위기' 같은 것이다. 자동차 에어컨에도 외부의 공기가 유입되는 구조가 있고 내부의 공기가 순환되는 구조가 있다. 양쪽의 공기는 상황에 따라 사용한다.

어쨌든 PR이나 커뮤니케이션의 관점에서 보면 정말 힘든 세상이 되었다. 그러나 이것은 동시에 기회이기도 하다. 크고 작은 사회적 관심을 세부적으로 포착하고, 그것을 적절하게 활용하는 방식으로 사람을 움직이고 목적을 달성하는 것이야말로 본래 PR의 묘미이기 때문이다.

반드시 거대한 분위기를 만들어야 할 필요는 없다. 단, 트럼프 대통령의 예를 통해서도 알 수 있듯 사회적 관심은 세분화되었고 그것을 올바르게 파악하기가 쉽지 않다. 그런 상황에서 지금까지와는 다른 발상이나 관점으로 세상을 포착해야 한다. 말하자면 '사회적 관심을 어떻게 요리하는가' 하는 관점이다. 이 부분에 대해서는 2장에서 좀 더 자세히 설명할 것이다.

왜 PR을 해야 하는가

이제 이번 장을 마무리하자. 지난 10년 동안 우리를 둘러싼 정보환경은 진화를 거듭하면서 더욱 세밀하고 복잡해졌다. 그런 상황에서 나는 PR의 중요성이 더욱 높아졌다고 생각한다. 그렇기 때문에 이 책을 쓰고 있는 것이기도 하다.

왜 PR을 해야 하는가? 그 세 가지 이유를 정리해보자.

선택하기 귀찮은 시대: 정보 홍수와 선택 비율의 저하

2000년대부터 시작된 정보 홍수는 현재진행 중이며, 소비자들의 '정보 선택 비율'은 계속 내려가고 있다. 한편 우리가 하루에 접하는 기업의 브랜드 메시지는 4천~5천 가지에 이르고, 소비자들은 광고 성격의 콘텐츠는 기피하는 경향이 있다.

하고 싶은 대로 하는 시대: 조종 불가능 영역의 확대

소비자들은 SNS를 통하여 자유롭게 소통한다. 타임 시프트 시청이 당연시되었고, 콘텐츠 소비의 주도권은 소비자에게로 옮겨졌다. 이런 정보환경에서는 상대적으로 기업이 컨트롤할 수 있는 정보의 영향력이 떨어진다. 따라서 조종이 불가능한 세계와 대치할 수 있는 방안이 필요하다.

관심 대상이 제각각인 시대: 사회적 관심의 다층화

SNS로 연결된 소비자들은 취미나 가치관 등이 비슷한 관심 그룹 안에서의 활동을 늘리고 있다. 스마트폰을 이용하여 개인의 기호에 맞는 정보를 입수하면서 정보의 유통은 한정적으로 바뀌었다. 사회적 관심이나 흥미는 밀푀유처럼 다층화되고 있다.

이것은 불가역적인 흐름이며, 더 이상 지켜보고만 있을 수 없는 상황이다.

전략 PR에 있어서 또 한 가지 기억해두어야 할 중요한 점이 있다. 이 책에서는 전략 PR의 목적을 '사람을 움직이는 것'이라고 명확하게 정의한다. 좀 더 자세히 표현하면 '사람의 행동을 바꾸는 것'이다. 전 세계 PR 시장에서는 이것을 '행동 변화'라고 부른다.

전략 PR은 무엇을 위해 하는 것인가? 어떤 정보를 세상에 퍼트리기 위해서가 아니라 사람의 행동을 바꾸는 것, 즉 행동 변화를 일으키는 것이 전략 PR의 최종 목적이다.

다음 장에서는 최신 성공 사례와 함께 행동 변화와 사회적 관심을 요리하는 방법에 관하여 설명할 예정이다.

사람을 움직이는
사회적 관심의
레시피

2장

PR의 목적은 행동 변화에 있다

여러분이 마케팅이나 PR 업무를 하는 사람이라고 하자. 또는 경영자나 기업에서 홍보를 담당하는 사람이라고 해도 상관없다. 질문을 하나 하겠다.

'당신은 왜 PR을 하고 싶은가?'

회사의 상품이나 서비스를 세상에 알리고 싶다. 관여하고 있는 조직의 활동을 올바르게 이해하도록 알리고 싶다. 그렇게 하려면 정보를 세상에 내놓아야 한다. 미디어를 적절하게 사용해서 정보를 노출시켜야 한다. 그렇기 때문에 PR을 한다. …이런 것일까?

틀린 것은 아니다. 하지만 이런 설명이라면 아직 '퍼블리시티'라는 사고방식을 벗어나지 못한 것이다. 퍼블리시티란 어떤 정보를 미디어가 보도한 결과로서 세상에 나오는 기사나 프로그램 등을 가리킨다. 퍼블리시티는 PR에 있어서 매우 중요한 요소이며 가장 중요한 목표로서 이해하기 쉽다. 기업의 홍보 부서나 PR 회사도 이 성과(정보가 기사나 프로그램으로 다루어진 횟수)를 추구해왔다.

그러나 그것을 굳이 표현한다면 '수단'에 지나지 않는다. 수단인 퍼블리시티(또는 다른 정보 전략)를 이용하여 지향하는 PR의 궁극적인 목적은 '행동 변화'다.

"행동이 바뀌는 것만이라면 그렇게 거창한 것도 아니네.

오늘 아침에도 회사에 출근할 때 문득 생각이 나서 편의점에 들렀어."

그렇다. 일상생활에서 우리가 무의식이나 우연한 생각 때문에 행동을 바꾸는 경우는 적지 않다. 이 책을 읽는 여러분의 행동도 갑작스런 변덕에 의한 것인지도 모른다. 하지만 '행동'에는 좀 더 깊은 의미가 있다. '행동'의 의미를 더 세밀하게 살펴보면 '(생물의) 행동', '(생물의) 습성'이라고 한다. 이렇게 생각해보면 쉽게 바뀔 것 같지 않은 느낌이 든다. 즉, PR의 대상이 되는 것은 '좀처럼 바뀌지 않는 정착된 습관이나 믿음에 의한 행동'이며, 그것을 바꾸는 것이야말로 '행동 변화'라는 것이다.

덧붙여 영어판 위키피디아에는 이렇게 씌어 있다.

"Behavior change can refer to any transformation or modification of human behavior."(행동 변화란 인간 행동에서의 모든 변화 또는 변경을 가리킨다.)

문득 생각이 바뀌어 편의점에 들르는 수준이 아니다. 이 역동적인 행동 변화가 본래 PR의 목적이다.

PR의 피라미드 구조

그림 하나를 소개하겠다. PR의 피라미드 구조다.(그림 1) 이것은 PR의 목적 구조를 도식화한 것으로, 2011년 칸 라이언즈 국제광고제(Cannes Lions International Advertising Festival; 세계 최대의 광고제)를 계기로 세계적으로 알려졌다. 퍼블리시티라는 수단이 목적과 혼동되기 쉬운 상황은 전 세계에 존재하기 때문에 새삼 그 구조를 명확하게 해야 할 필요가 있다는 주장이 제기되면서다.

계층을 하나하나 살펴보자. 이해하기 쉽도록 《신판 전략 PR》에서 소개한 '하이볼(highball; 위스키에 소다수를 탄 칵테일)' 사례에 적용한 설명도 덧붙일 것이다.

퍼블리시티

가장 아래층은 퍼블리시티에 의한 '정보 노출'이다. 퍼블리시티는 주로 미디어 릴레이션스(media relations)라고 불리는 PR 활동 결과, 기사나 텔레비전 프로그램으로 세상에 나오는 정보다. PR의 주체자는 어디까지나 프레스 릴리스나 참고 자료를 미디어에 제공하고, 미디어는 그 1차 정보를 바탕으로 자신의 판단(편집권, 편성권)하에 보도한다. 따라서 퍼블리시티에는 제삼자의 판단이 보장되어야 한다. 유료 미디어인 '광고 정보'와 차별화된다. 이런 의미로 생각하면 블로거

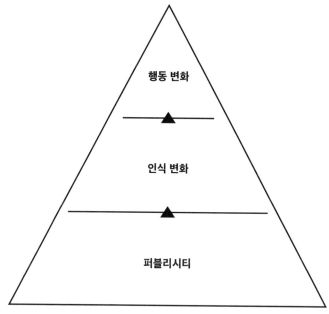

그림 1. PR 피라미드

나 인스타그래머에게 작용하여 노출시키는 투고 기사나 사진도 넓은 의미에서의 퍼블리시티라고 말할 수 있다.

일본에서 많이 사용되어온 '광고 환산'도 퍼블리시티의 양을 경제가치로 환산한 것에 지나지 않으며, (더구나 광고라는 이질적인 투자 대상을 토대로) 피라미드 구조상으로는 이 층에 속한다. 하이볼을 예로 들면 위스키 수요를 늘리기 위해 '하이볼 붐'을 일으키는 분위기를 만들었다. '위스키가 부활될 징조', '하이볼이 젊은이들 사이에서 인기'라는 기사나, 하이볼을 주문하는 사람으로 북적이는 음식점을 소개하는 정보 프로그램, 하이볼 레시피를 소개하는 블로그 기사 등이 여기에 해당한다.

인식 변화

중간 층에서는 퍼블리시티에 의해 초래되는 구체적인 변화가 일어난다. 간단히 '인식 변화(Perception Change)'라고 한다. 여러분도 업무상 왠지 모르게 불안한 상사나 거래처에 "이번 거래는 ○○로 견해가 합의된 것이지요?"라는 식으로 거듭 확인한 적이 있을 것이다. 왜 거듭 확인을 하는 것일까? 같은 사항이라고 해도 견해나 인식이 다르면 행동이 바뀌기 때문이다(그래서 예상치 못한 경험을 한 분들도 많을 것이다).

'인식 변화'라는 말이 쉽게 이해되지 않는다면 '사물에 대한 견해' 정도로 생각하면 좋을 것이다. 바꾸어 말하면 사람들에게 어떤 사물에 대한 견해를 제공해줌으로써 그에 따른 행동을 기대하는 것이다. 즉, 특정 행동은 특정한 인식에 의해 발생한다는 사고방식이 토대가 된다. 이것이 인식 변화가 두 번째 층에 해당하는 이유다.

하이볼을 예로 든다면 앞서 소개한 퍼블리시티를 접한 사람들의 인식 변화가 여기에 해당한다. "하이볼은 옛날 술이라고 생각했는데 최근에 다시 유행을 하고 있구나.", "하이볼은 나와는 관계가 없다고 생각했는데 뜻밖으로 내게 어울릴지도 몰라."라는 식으로 견해가 바뀌는 것이다.

행동 변화

피라미드의 최상층은 행동 변화다. 퍼블리시티가 세상에 넘치고 그것을 접한 사람들의 인식이 변한 결과 그때까지 당연한 것처럼 여겨졌던 행동이 바뀌거나 새로운 습관이 시작된다. 사람의 행동은 그렇게 간단히 바뀌는 것이 아니다. 신뢰할 수 있는 정보를 충분히 접한 결과 사물에 대한 견해가 바뀌는 것이며 마지막에는 컵 속의 물이 넘치듯 구체적인 행동 변화가 일어난다. 그 결과, 비즈니스나 사업 목적을 달성할 수 있다.

하이볼을 예로 들면, 퍼블리시티에서의 '하이볼이 유행하고 있다'는 인식이 퍼져 나간 이후에 사람들이 취한 구체적인 행동이 여기에 해당한다. 물론 최종적으로는 '하이볼을 주문해서 마신다', '하이볼을 구매해서 마신다'는 소비 행동이 여기에 해당하지만 "(유행하고 있는 것 같아서) 하이볼을 판매하는 술집에 간다.", "(지금까지 맥주를 마셨지만 이제는) 첫 건배를 하이 볼로 한다."는 것도 역시 행동 변화다. PR에 의해 인식이 바뀌면서 그러한 행동이 발생한 것이기 때문이다.

어쨌든 일본에서는 아직 맨 아래층의 퍼블리시티를 목적으로 삼은 PR이 눈에 띈다. 그러나 해외에서는 그것은 '당연한 것'이고 인식 변화나 행동 변화 쪽으로 목적의식이 옮겨가고 있다. 물론 그만큼 난이도는 높지만 이 의식의 차이야말로 성과의 차이를 결정한다.

이쯤에서 행동 변화를 목적으로 삼은 전략 PR의 최신 사례를 소개하기로 하자.

글로벌 기업으로 성장한 컨커

컨커(Concur)는 전 세계 약 4만 5천 개 회사가 사용하고 있는 클라우드(cloud) 기반의 출장 및 경비 관리 시스템 분야의 선도 기업이다. 일본에서도 2017년 1월 기준 600여 회사가 컨커 시스템을 도입했다. 이 시스템을 이용하면 출장지에서 스마트폰이나 태블릿으로 영수증을 촬영하여 클라우드에 올릴 수 있을 뿐 아니라 영수증 원본은 폐기해도 된다.

지금은 사원 100명 정도를 보유한 기업으로 성장했지만 일본 법인이 발족된 2011년 당시에는 사장을 포함해 총 3명

뿐인 매우 작은 회사였다. 덧붙여, 그 당시에는 일본 내 클라우드 경비 관리 시스템의 지명도나 시장 규모는 거의 제로 수준이었다. 그러자 이 회사는 일본 기업에서의 '경비 관리'에 대한 행동 변혁을 목적으로 전략적인 PR을 실시하기로 결정했다.

컨커는 우선 기업의 경리 담당자 등이 모여 만든 일본 CFO협회와 손을 잡았다. 2014년 12월부터 2015년 1월에 걸쳐 일본 기업에서의 경비 정산 업무나 관리 비용, 관리 방법 등을 조사하여 경비 관리 실태를 파악한 뒤 PR 소재를 창출하는 작업부터 착수한 것이다.

그러자 영수증의 전자화 도입을 검토하고 싶다는 응답자가 약 80%, 나아가 그중의 80%가 디지털카메라, 스마트폰을 활용한 경비 정산을 희망한다는 사실을 확인할 수 있었다. 현장을 뛰어다니는 사람들뿐만 아니라 경리, 재무관리 부서에서는 종이 영수증과 입력 데이터를 조합하는 작업에 과부하가 발생한다. 또 영수증 원본을 7년 동안 보관해야 하는 의무를 법으로 부과하고 있는데, 예를 들어 모 대기업 증권회사에서는 원본 관리 비용만으로 연간 억 엔 단위의 비용이 발생한다고 한다. 그런 실정 때문에 조사에 참가한 기업의 약 90%가 영수증의 전자화와 종이 원본 보관 철폐에 관심을 보였다.

인터넷 조사에서는 보다 충격적인 사실이 부각되었다. 일본의 비즈니스 종사자들은 평생 동안 경비 정산에 52일을,

영수증 처리에 12일을 소비하고 있으며, 경비 정산을 위해 휴일에 출근을 하는 등 그야말로 비효율적으로 업무를 처리하고 있다는 사실이 밝혀졌다.

이 조사들을 통해 이끌어낸 경비 관리 업무와 관련된 일본 전체에서의 비용을 구체적인 숫자로 표현하면 연간 인건비 6천억 엔, 관리비 3천억 엔, 감시 비용 1천억 엔, 합계가 무려 1조 엔(!)이나 된다. 더구나 이 금액은 투자가 아니라 의미 없이 사라지는 비용이다. 일본에서는 제조비 등의 직접 비용에 관한 관리는 진행되고 있지만, 경비 관리 등의 간접 비용 관리에 대해서는 인식 자체가 낮다는 사실을 이 조사를 통해 알 수 있었다.

이 단계에서 컨커에서는 적극적으로 활용할 수 있는 두 가지 타깃이 있었다. 하나는 일본 기업과 비즈니스 종사자들이다. 그때까지 비용 삭감이라는 면에서 그다지 중요시하지 않았던 경비 관리 업무에 간과할 수 없는 수준의 비용이 들어간다는 사실을 인지시키고 영수증을 전자화하면 기업의 생산성과 관리의 효율성을 높일 수 있다는 사실, 실무자들에게도 사무 처리 부담이 줄고 스마트폰을 활용한 간편한 업무 스타일을 실현할 수 있다는 사실을 전하는 것이다.

또 하나의 타깃은 정부 여당이나 정부 고위직 관료, 재무성, 국세청 등이다. 그들이 전자장부보존법 규제를 완화하도록 만드는 것이다. 사실 2015년도 세제 개정에서는 스캔을 한 영수증의 원본은 버릴 수 있지만 스마트폰으로 촬영한 경우에는 폐기하면 안 된다는 내용이 들어 있었다. 재무성이나 국세청의 입장에서 볼 때 영수증의 전산화는 우선순위가 낮은 이야기였다. 그런 상태에서는 시장 확대를 기대하기 어렵다.

'무의미한 비용이 연간 1조 엔'이라는 충격적인 사실을 무기로, 컨커는 제휴한 PR 기업 이노우에 퍼블릭 릴레이션스(井之上 Public Relations)와 함께 공동 작전을 실행했다. 우선 일본 CFO협회의 조사 결과를 바탕으로 사회 문제로서 여론을 환기시키기 위해 '규제 완화', '일본 기업의 생산성 향상'을 키워드로 삼아 《일본경제신문》을 비롯한 주요 미디어에 일본 기업의 경비 관리 실태 정보를 수시로 제공했다.

동시에 종이 정보의 전자화를 추진하는 일본문서정보매니지먼트협회(JIIMA) 등과 손을 잡고 규제 완화의 필요성과 논점을 설명하는 기자회견을 개최하고, 그것을 사장 스스로 페이스북 등 소셜 미디어를 활용하여 내용을 보충하는 활동을 지속적으로 반복했다.

이런 활동을 지속하는 동안 산업계로부터 적극적인 요청이 들어오면서 텔레비전 프로그램과 비즈니스 잡지 등에서도 이 문제를 비중 있게 다루었고, 세제를 개정하는 쪽으로도 영향을 끼칠 수 있었다. 그리고 최종적으로 2016년 3월 30일 국세청으로부터 전자장부보존법 규제 완화에 관한 가이드라인이 나오기에 이르렀다.

이 사례는 정부를 움직여 규제 완화를 이끌어낸 능력도 훌륭하지만, 주목해야 할 점은 스마트폰으로 경비를 관리하는 새로운 업무 처리 방식과 새로운 시장을 만들어내 불과 2년 만에 사업 규모를 몇 배로 확장함으로써 자사의 성과와 연결시켰다는 점이다. 그것을 사원이 몇 명뿐인 작은 회사가 이루어냈다.

컨커는 '연간 1조 엔의 낭비'라는 이해하기 쉬운 데이터를 준비해 일본CFO협회 등 제삼자와 손을 잡는 방법으로 우선 사회 문제로서 '일본의 경비 관리가 얼마나 뒤쳐져 있는가' 하는 퍼블리시티를 최대화했다. 그리고 그 노출이 경비 관리에 대한 인식을 바꾸어나갔다. '습관화되어 있는 사무 처리 방식'이 '기업의 생산성을 향상시키는 지름길'이나 '규제 완화가 필요한 우선적인 과제'로 변화해갔다. 그 결과 행동 변화가 발생했다. 정부는 규제 완화를 위해 움직였고, 기업은 컨커의 시스템을 적극 도입했다.

사회적 관심을 요리하다

이제 PR의 궁극적인 목적인 행동 변화에 관하여 이해했을 것이다. 서장에서도 설명했듯 행동 변화를 일으키기 위해서는 '사회적 관심을 요리한다'는 발상이 중요하다. 여기에서는 그 구체적인 구조(framework)에 관하여 설명해보겠다.

'관심'이란 무엇일까? 사전을 찾아보면 관심은 '어떤 것에 마음이 끌려 주의를 기울임. 또는 그런 마음이나 주의.'라고 설명되어 있다. 한마디로 표현하면 '신경이 쓰이는 것' 정도의 느낌이다. 이것은 나의 개인적인 감각이기도 하지만 '관심'이라는 것은 '알고 있다'와 '하고 있다'의 중간 정도라고 생각한다.

예를 들어 어떤 연예인의 스캔들이 발생했다고 하자. 이것을 뉴스에서 보고 '단순히 아는' 것만으로는 '관심'이라고 말하기 어렵다. 반면 그 스캔들의 진위를 구체적으로 찾아본다면 그것은 '관심'을 뛰어넘는다. 남의 일에 지나칠 정도로 참견을 하는 스타일에 해당한다. 즉, '구체적으로 깊이 관여하지는 않지만 꽤 신경이 쓰이는 것' 정도가 이른바 '관심이 있다'는 수준이다.

그리고 '어떤 문제'에 신경을 쓰는 사람의 수가 점차 증가하여 '모든 사람이 신경을 쓰게' 되었을 때 그것을 '사회적 관심'이라고 부른다. 미디어가 사회적 관심을 보도하는 이유는 모두(독자나 시청자)가 신경을 쓰고 있기 때문이다. 또 '모두가 신경을 쓰는 것'은 소셜 미디어에서의 대화를 활성화시킨다.

많은 사람들이 움직일 때 거기에는 어떤 '관심'이 존재한다. 사람의 행동이 바뀔 때 그 뿌리에는 관심이 존재한다. 따라서 행동 변화를 일으키려면 '관심을 과학화하는' 작업이 꼭 필요하다.

'관심'이 사람을 움직이는 것이다. 전략 PR에는 그런 관점이 존재한다.

관심 주제의 구조

사회적 관심을 요리하는 기본이 되는 틀은 '관심 주제'다. 이것은 '분위기'를 만들기 위해 필요한 것으로서, 전략 PR을 실행할 때부터 바뀌지 않는 것이다. 다른 말로 표현하면 관심 주제는 PR 대상과 세상을 연결하는 다리다. 상품을 팔고 싶다는 '개인의 관심'을 '모두의 관심'으로, 그리고 그 상품을 이용하는 '소비자의 관심'과 어떻게 연결시키는가 하는 것이 포인트다.

그림 2를 살펴보자.

① 상품의 편익성: 상품이나 서비스가 제공하는 기능과 기존 상품이나 경쟁 상품과의 차별화가 포인트다.
② 세상의 관심사: 사람들이 신경 쓰고 있는 것이나 화젯거리다.
③ 소비자의 관심사와 이익: 상품이나 서비스를 이용하는 사람이 끌어안고 있는 문제나 그것의 해결을 말한다.

이 세 가지 요소를 연결하는 중심에 '관심 주제'가 있다. 여기에서의 특징은 이 세 가지 요소가 하나로 모아지는 '주제'를 발견하는 데에 있다. 그 관심 주제를 세상에 널리 증폭시키는 것이 PR의 목적이다.

'관심 주제'란,

❶ 상품이나 서비스가 제공하는 기능,
기존 상품이나 경쟁 상품과의 차별화가 포인트.

❷ 사람들이 신경 쓰고 있는 것이나 화젯거리.

❸ 상품이나 서비스를 사용하는 사람이
끌어안고 있는 문제나 그것의 해결.

세 가지 요소를 연결하는 '다리'

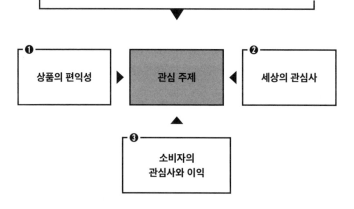

그림 2. 관심 주제

대부분의 경우, 기업이나 조직은 상품의 편익성(①)을 내세우려고 한다. 그럴 수 있다. 평범하게 생각하면 PR의 대상은 팔고 싶은 상품이나 서비스, 브랜드가 될 테니까. 그러나 거기에는 함정이 있다. '세상의 관심사(②)'와 멀어질 수 있다는 것이다. 사람들이 신경을 쓰는 것과 '상품의 편익성'이 멀리 떨어져 있으면 미디어는 보도하지 않는다. 예상 유저들이 흥미를 느끼지 않으면 소셜 미디어에서도 화제가 될 수 없다. 하지만 가능하면 많은 사람들에게 알리고 싶다. 그렇다면 돈을 이용해서…. 이래서는 광고가 되어버리기 때문에 본말이 전도된다.

포인트는 세 가지 요소를 연결하여 조화를 이루는 데에 있다. 그것이 '관심 주제'이며, '개인이 전하고 싶은 것', '사람들이 신경을 쓰는 것', '소비자가 원하는 것'을 모두 겸비할 수 있는 접점이다. 몇 가지 예를 들어보자.

기저귀와 '아기의 수면 문제'라는 관심 주제

첫 번째는 1장에서 소개한 '기저귀와 수면'이다.(그림 3) 당시 충동적인 아이들이 증가하고 있는 이유가 수면 리듬이 흐트러져 있기 때문이라는 학설이 미디어와 지식인들 사이에서 주목을 받기 시작했다.(②) 신상품 기저귀는 착용감과 흡수력의 향상이 특징이었다.(①) 이것을 '쾌적한 수면 환경을 제공하는 기저귀'라고 재정의하여 '소중한 아기를 최고의 환경에서 키우고 싶다'는 육아 세대의 관심사(③)에 맞추어 관심

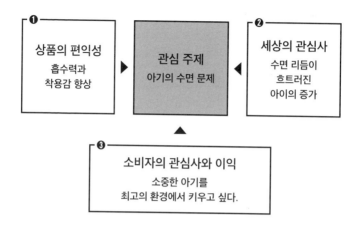

그림 3. 기저귀와 '아기의 수면 문제'라는 관심 주제

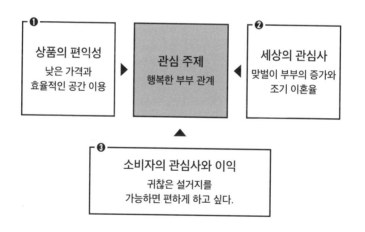

그림 4. 식기세척기와 '행복한 부부 관계'라는 관심 주제

주제를 '아기의 수면 문제'로 설정했다. 이 관심 주제를 단번에 세상에 PR을 하고, 그 해결책으로 신상품인 기저귀를 출시한다는 시나리오를 만든 것이다.

식기세척기와 '행복한 부부 관계'라는 관심 주제

다음으로 '식기세척기' 사례에 적용해보자.(그림 4) 타깃은 맞벌이를 하면서 아직 자녀가 없는 젊은 부부다. 이 경우에 세상의 관심사는 '부부 관계'다. 과거에 비해 여성의 사회 진출이 확대됨으로써 현대적인 부부의 모습은 끊임없이 화제에 오르고 있다.(②) 그래서 부부 싸움의 주된 원인이라는 귀찮은 설거지를 최대한 편하게 하고 싶다는 젊은 부부들의 관심사(③)를 포착하고, 효율적으로 공간을 이용하고 가격도 전보다 낮춘 식기세척기(①)를 '행복한 부부 관계를 만드는 상품'으로 자리매김했다.

전략 PR의 성공 사례 대부분은 이런 틀로 설명할 수 있다. 바꾸어 말하면, 이 발상으로 전략을 세울 수 있는가 하는 것이 성패를 가른다.

세상의 관심을 포착하거나 새로운 사회적 관심을 만들어내려면 어떻게 해야 할까? 그 방법을 보다 구체적으로 설명해보겠다.

사회적 관심을 요리하는 시나리오

여기에서는 두 가지 축이 포인트다. '현재도(顯在度; 현재 나타나 있는 정도)'라는 축과 '관여도(관여하는 정도)'라는 축이다. 뒷장에 있는 그림 5의 '사회적 관심 지도'를 보자. 가로축이 '현재도'다. 그 문제가 사회에서 아직 잠재적인지, 아니면 현재화되어 이미 나타나 있는지를 제시하는 잣대다. 매우 중요한 문제라 해도 '아는 사람만 안다'는 수준으로 아직 널리 알려지지 않은 상태인지, 또는 이미 보도가 되었을 정도로 많은 사람들이 인식하고 있는 상태인지를 말한다.

한편 세로축은 '관여도'다. 이 문제에 대한 소비자들의 관여 정도다. 관여도가 낮다면 설사 알고 있다고 해도 '아직 나와는 관계없어.'라는 수준이 될 것이고, 자신과 관계가 있다는 인식이 강할수록 관여도는 높다.

세상에는 다양한 '관심사'와 그 재료가 존재한다. 그것은 현실적으로 어떤 상태이며 어떤 방향성을 가지고 접근해야 보다 사회적인 관심으로 '발전'할 수 있을까? 또 어떻게 해야 PR의 목적을 완수할 수 있을까?

여기에서 중요한 것은 '갑자기 등장하는 사회적 관심은 없다'는 사실이다. 갑자기 화제가 된 것처럼 느껴지더라도 그 배경에는 잠재적인 흐름이 존재한다. '사회적 관심 지도'로 설명한다면, PR을 하려는 관심 주제가 '현재 나타나 있고 소

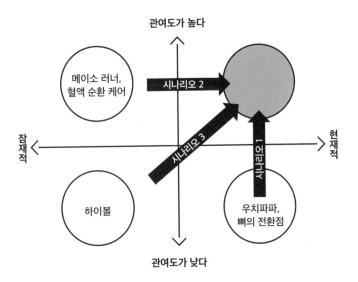

그림 5. 사회적 관심 지도

비자들이 높은 관여도를 보이고 있는' 상태가 이상적이다. 그런 상태에서 접근하려면 몇 가지 시나리오가 필요하다.

시나리오 1: 현재화된 사회적 관심을 이용해 관여도를 높인다

이미 '모두가 신경 쓰고 있는' 관심 사항을 이용하는 경우다. 앞에서 소개한 '아기의 수면'도 이미 현재화되어 있던 아기의 수면 문제를 토대로 갓난아기로 특화시킨 것이다. 기존의 관심을 바탕으로 출발하기 때문에 미디어의 흥미를 유도하기 쉬운 반면에, 관여도를 높이려면 차별화된 문맥이나 새로운 데이터 등이 필요하다.

베네세(Benesse)의 '우치파파' 프로젝트

'남녀 공동 참여'라는 현재적 관심을 이용한 경우다. 일본에서 여성활약추진법이 시행되면서 남녀평등은 중요한 사회적 관심이 되었다. 베네세는 자사의 주부 대상 생활정보지 《땡큐!(サンキュ!)》를 통하여 '우치파파'라는 관심 주제를 소개했다.

'우치파파'는 '일하는 엄마'라는 의미를 가진 '워마마(워킹맘)'의 상대어로, '집안일에 적극적으로 가담하는 남성'을 총칭하는 말이다. 그때까지도 육아에 적극적으로 참여하는 남성이라는 의미를 지닌 '이쿠멘(イクメン; '육아'와 '남자'라는 단어의 합성어)'이라는 말이 있었지만, 이쿠멘은 육아에 특화된 것이고 남성의 참여가 한정적이었다. 하지만 '우치파파'는 '도

와주는' 차원이 아니라 요리나 가사를 즐기고 생활용품이나 서비스를 선택하는 데에도 적극적이며 전반적인 '집안일'에 흥미가 있는 남성을 가리킨다. 이런 층은 잡지 독자로도, 일용품이나 식품 회사의 잠재 고객으로도 확대될 가능성이 높다. '남성의 생활력 향상 위원회'를 만든 《땡큐!》의 남성 독자는 5년 만에 세 배가 되었고 '우치파파'라는 주제에 찬성하는 기업도 속출하고 있다.

다농(Danone)의 '뼈의 전환점'

'비마죠(美魔女)'는 고분샤(光文社)가 발행하는 패션잡지 《미(美) ST》에서 만든 신조어다. 재능과 미모를 겸비한 35세 이상의 여성을 가리키며 '마법을 건 것처럼 아름답다'는 의미를 가지고 있다. '비마죠'라는 관심의 대상을 이용한 경우는 어떠한가?

다국적 기업 다농은 골밀도에 주목한 기능성 요구르트 '덴시아(DENSIA)'를 일본 시장에 투입하려 하고 있었다. 타깃은 골밀도가 떨어지는 50대 여성이었다. 조사를 통하여 일본의 50대 여성은 골밀도에 관심이 적고 관여도가 낮다는 사실을 알았다. 한편 그 당시에 사람들의 관심은 '비마죠'였다. 나이가 들어서도 아름다움을 유지하는 50대 여성이 주목을 받으면서 비마죠 콘테스트도 열리고 있었다.

그래서 다농은 '뼈의 건강'이 아니라 '뼈의 미용'이라는 관점으로 접근해 '아름답기 위해서는 뼈 관리도 필요하다'는 분위기를 만들기 위해 피부의 전환점이 아니라 '뼈의 전환점'이라는 관심 주제를 설정했다. 골밀도가 낮은 경우의 자세와 겉으로 보이는 나이의 관계 등 철저하게 미용에 초점을 맞추어 PR을 하는 방법으로 뼈 관리에 관심을 가지게 하여 관여도를 높이는 데에 성공했다.

시나리오 2: 관여도가 높은 잠재적 관심을 현재화한다

타깃의 관여도가 높은 영역에서 아직은 그다지 알려져 있지 않은 사실을 화제로 만든다. '등장'이 중요하기 때문에 관심 주제의 네이밍 개발에 힘을 쏟는 경우가 많다. 특정 마켓이나 팬이 많은 영역 등 관여도가 높은 층을 대상으로 PR을 하는 데에 적합하며, 참신한 네이밍이나 주제를 어떻게 설정하는가 하는 것이 중요하다.

아디다스의 '메이소 러너'

'사실 러너는 방황하고 있다'는 잠재적인 관심을 현재화한 경우다. 아디다스는 급격히 신장하고 있는 러닝 영역에서 경쟁 기업과 차별화하기 위해 직접적으로 상품 브랜드를 호소하는 방식이 아닌 특별한 전략 PR을 모색하고 있었다. 문제는 무엇을 주제로 삼는가 하는 것인데, 건강 유지나 패션, 미용 등의 화제는 너무 많이 등장해서 신선함이 떨어졌다. 따라서 러닝 영역에서 아직 현재화되어 있지 않은 돌파구가 필요하다는 생각에서 착안한 것이 '러닝 붐'의 배경에 존재하는 러너들의 '고민과 방황'이었다.

아디다스가 이 가설을 바탕으로 조사해보았더니 2,600 만 명 정도로 알려져 있는 일본인 러너 중 70%가 러닝을 지속하는 데에 나름대로 문제를 안고 있다는 사실을 알 수 있었다. 목적을 잃어버리거나 러닝 방법, 아이템 선택 등 고민의 종류는 다양했다. 이것을 '메이소(迷走; 방황하다, 망설이다) 러너'라고 이름 붙이고 관심 주제로 삼은 아디다스는 자사의 상품 서비스를 '메이소 러너를 도와준다'는 데에 초점을 맞추고 PR을 전개했다. 많은 러너들이 이 잠재적인 주제를 인지했고 아디다스의 러닝 카테고리는 두 자릿수의 성장을 이루었다.

가오의 '혈액 순환 케어'

'혈액 순환을 케어하면 건강해질 수 있다'는 잠재적인 관심을 현재화한 경우다. 가오에는 연구를 통하여 탄생한 히트 상품 '메구리즘(megRhythm)'이나 입욕제 '바브(bub)' 등 혈액 순환을 촉진시키기 위한 상품들이 있었다. 기업 차원으로도 휴먼 헬스 케어 영역을 강화해나간다는 방침을 정해놓고 있던 가오는 '스킨 케어나 부기 등의 미용 케어에도 혈액 순환이 매우 중요하다'는 사실을 여성들에게 알려야 할 필요가 있다고 생각했다. 하지만 '혈액 순환'이라는 단어를 사용하면 '할머니들의 건강법', '고지혈증' 등의 이미지가 먼저 떠올랐다.

그래서 가오는 '혈액 순환 케어'라는 새로운 관심 주제를 개발했다. '혈액순환연구회(지금은 '여성건강연구회'로 발전)'를 발족하고 유명세가 있는 미용 연구가나 인기 잡지와 손을 잡는 방식을 통하여 '혈액 순환 케어'를 새로운 미용 케어의 하나로 등장시켰다.

젊은 여성들은 처음에 '혈액 순환'이라는 말에서 '혈액 순환 불량' 등의 한정적인 단어들을 떠올렸지만 PR 활동을 시작한 지 2년째부터 '미용', '기초대사', '아름다움과 건강'이라는 단어들을 먼저 떠올리기 시작했다. PR 활동의 성과가 실증된 셈이다.

시나리오 3: 관여도를 높이고 잠재적 관심을 단번에 현재화한다

현재도와 관여도 양쪽을 단번에 높이는 방법이다. 어떤 이유 때문에 시나리오 1이나 시나리오 2의 방법론을 선택할 수 없는 경우에 이 방법을 이용하지만 케이스는 많은 편이 아니다. 필수적으로 광고나 프로모션이 모두 연동되어야 한다. '하이볼 붐' 등의 PR이 비교적 여기에 가깝다. 대규모 투자도 필요하다.

산토리의 '하이볼'

'하이볼이라는 음주 방식'을 현재화하면서 동시에 관여도를 높인 경우다. 산토리는 하이볼 붐을 일으키는 방법으로 25년 동안 계속 축소되고 있던 위스키 시장을 확대했다. 여배우 고유키(小雪)가 미소를 지으며 "역시 위스키가 좋지요?"라고 말하는 텔레비전 광고를 중심으로 광고를 전개했고, 지역 밀착형 영업 전략과 판촉을 실행했다. 전략 PR은 산토리가 예전부터 장점으로 내세운 제휴들에 첨가하여 하이볼 그 자체를 사회적 관심사로 만드는 역할을 했다. 미디어 보도나 입소문을 통하여 '위스키가 부활될 징조', '하이볼이 젊은 이들 사이에서 인기'라는 식으로 노출을 늘려갔는데, 예를 들면 아버지날(매년 6월 셋째 일요일) 시즌에는 '일본 파더스 데이 위원회'의 "아버지가 받고 기뻐하는 술은 위스키"라는 조사 결과를 활용하여 상점과도 제휴해 "아버지날의 선물로는 하이볼!"이라는 분위기를 만들었다. 하이볼 붐은 1년 남짓하여 현재화되었고 나이 든 남성에서부터 여성, 청년층으로 확대되었다.

이상으로 '사회적 관심을 요리하는 방법'의 몇 가지 패턴을 살펴보았다. 물론 모든 PR이 이 시나리오에 정확하게 맞아떨어지는 것은 아니다. 목적이나 상황에 따른 판단이 필요하며 '이것이 왕도'라는 것도 없다.

하지만 상대는 '사회적 관심'이라는 실체가 없는 유령 같은 존재다. 그리고 1장에서 설명했듯이 사회적 관심은 다양하며 '분위기'도 세분화되어 있어 그것을 파악하고 활용하기는 더욱 어려워졌다. 그렇기 때문에 이런 구조 안에서 PR 전략을 세워야 하는 것이다.

이 장에서는 다양한 각도에서 행동 변화를 일으키기 위한 사회적 관심의 레시피를 이야기했는데, 이 노하우의 중요성은 글로벌 사회에서도 계속 높아지고 있다. 하지만 유감스럽게도 일본은 이 부분에 아직 서투르다. 3장에서는 다른 나라와 비교할 때 PR이 서투른 일본의 이야기를 해보도록 하자.

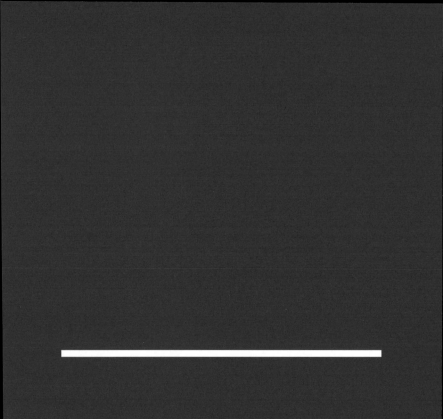

이것이
세계의 PR이다

3장

PR이 서투른 일본

일본은 "PR이 서투르다."고 한다. 애당초 전략적인 커뮤니케이션이 서투르다. 여러 가지 이유가 있다. 문화적으로 이른바 이심전심이 중시되어 '전달 방법'에 무게를 둘 수 없었다. 제조 기술이 뛰어나 그것이 경제 발전의 핵심을 담당해 왔기 때문에 '좋은 상품만 만들면 된다'는 신조도 강하다. 또한 전파 미디어가 발달하는 과정에서 거대한 광고 대리점이 탄생함으로써 '마케팅＝광고'라는 사고방식이 침투하면서 PR(퍼블릭 릴레이션스)이라는 개념을 교육받지 못했다.

어느 정도 핑계는 되겠지만, 한 가지 분명히 해야 할 점은 PR이 서투르기 때문에 결국 '손해'를 본다는 것이다. 이러한 현상은 거의 모든 국면에 나타나 있다. 설사 문화 수준이 높다고 해도, 기술력으로 헤쳐 나간다 해도, 성실하고 열의가 넘친다고 해도 'PR 능력'이 없기 때문에 손해를 보고 패배를 맛본다.

국제 거래에서도 마찬가지다. 2016년 일본은 호주를 대상으로 잠수함 수주 전쟁을 벌였는데 결과적으로 프랑스에 패했다. 패인은 기술력이 아니라 이른바 로비 전쟁이었다고 볼 수 있다. 첫 대형무기 수출로 주목을 받고 있던 잠수함 '고류(ごうりゅう)'의 지명 입찰에 일본은 상당한 자신감을 가지고 있었다. 아베 총리는 호주의 토니 애벗(Tony Abbott) 전 총

리와 매우 친밀한 관계였고 해상 자위대의 잠수함은 호주 해군의 요구 수준을 충족시켰다. 그렇기 때문에 '패배할 리가 없다'고 생각했다.

하지만 호주 내부의 사정에 의해 이 거래는 일본, 독일, 프랑스의 경쟁 입찰로 바뀌었다. 여기서부터 사태는 PR 전쟁의 양상을 띠게 되었지만 일본은 적극적으로 움직이지 않았다. '제품의 성능이 좋기 때문에 걱정할 것 없다'고 안심하고 있었던 것이다. 한편 호주를 처음 방문한 프랑스 국방상은 수도나 시드니가 아닌 올버니(Albany)라는 남서부의 도시를 찾았다. 제1차 세계대전에서 프랑스군을 응원하기 위해 호주 군대가 병사들을 파견한, 이른바 양국의 '추억의 땅'에서 호주 정부 각료들을 만나 잠수함 협의 분위기를 유리하게 이끌어갔다.

사태가 심상치 않다는 사실을 깨달은 일본은 뒤늦게 호주와의 공동 훈련에 해상 자위대를 파견했지만 그 직후에 호주 정부는 프랑스에 잠수함을 발주하겠다는 사실을 공식적으로 발표했다.

스포츠 분야에서도 일본의 PR 전략은 서투르다. 미국과 일본의 국민적 프로 스포츠를 비교해보자. 미국의 NFL(National Football League) 매상은 2003년부터 2014년까지 10여 년 동안 250%의 성장을 이루었다. 여기에 비하여 일본 J리그는 같은 시기에 150%의 성장에 머물렀다. 이 차이를 낳은 요인 중 하나가 PR이다. 원래 풋볼이나 축구에 관심이 많은 고정 팬

뿐 아니라 흥미가 많지 않은 사람들을 끌어들일 수 있는가, 즉 사회적 관심으로 부각시킬 수 있는가의 차이다.

NFL은 고정 팬에서부터 일반 층까지를 4개의 층으로 구분하여 전략적으로 PR을 실시한다. 또 미국이라는 국가 특유의 사회적 관심인 '인종이나 가치관에 의한 격차 문제'에 관하여 '사람과 사람의 연결'을 제공한다는 명확한 포지션을 가지고 있다. 그 때문에 게임뿐 아니라 어린이의 비만 퇴치 프로젝트나 마이너리티를 위한 IT 학교까지 리그, 팀, 선수가 하나가 되어 활동한다. 전 NFL재팬 대표인 마치다 히카루(町田光)는 "함께 희로애락을 즐길 수 있는, 이른바 '사회 장치'로서의 NFL 브랜드."라고 잘라 말한다.

한편 J리그를 살펴보면, 개막 당시인 1993년에 10개의 클럽이었던 것이 2017년에는 54개 클럽으로까지 확대되었다. 규모 확대와 지역 밀착 추진이라는 의미에서는 성공을 거두었다. 그러나 NFL과는 대조적으로 팬층을 확대하거나 사회적 관심을 유지하는 데 있어서는 고전을 면치 못하고 있다. 2006년에 46%였던 J리그에 대한 관심도는 2012년에 30%까지 떨어졌다. 관객의 평균 연령도 10년 동안 5.7세가 올라갔다. 즉, 일정한 고정 팬이 나이를 먹으면서 사회적 관심이 떨어지고 팬의 범위를 확대하지 못했다는 의미다. J리그는 전략적 PR이 부재했던 것이 그 원인 중의 하나라고 보고 방법을 모색하기 시작했다.

이처럼 다양한 영역에서 PR의 존재가 명암을 구분하고 성패에 영향을 준다는 사실을 알 수 있다. 상품이나 품질에 대한 자신감은 있어도 사회적 관심을 상대하는 매니지먼트가 이루어지지 않는다면, 세상과 소통을 하면서 전략적으로 관심을 모으거나 창출해내야 하는데 그렇지 못한다면 성공은 요원할 수밖에 없다. 충분한 실력을 갖추었으면서 보다 나은 성과를 내지 못한다는 것은 안타까운 이야기다.

그렇다면 해외에서는 어떤 방식으로 PR을 하고 있는지 세계를 움직이는 PR 회사들을 살펴보자.

세계를 움직이는 글로벌 PR 회사

PR의 기원은 18세기 미국의 독립전쟁에 있다. 여론을 환기시켜 민중을 움직이는 노하우가 이윽고 '퍼블릭 릴레이션스'로 체계화되고, 정치 세계에서 비즈니스 세계로 응용되면서 현재에 이르렀다. 이런 점에서 볼 때 지금도 세계 PR 업계의 중심은 미국이다. 그 스케일은 실로 엄청나다.

기업의 PR 부문도 일본보다 훨씬 앞서가고 있지만 뭐니 뭐니 해도 세계를 상대로 PR을 전개하는 PR 회사들의 존재감이 크다. 글로벌 PR 회사는 전 세계에 거점을 두고 있고 수백 개가 넘는 클라이언트를 보유하고 있다. 누구나 알 만한 유명 기업은 물론이고 각국 정부나 행정기관, 세계적 NPO와 유명 인사들… 이들 모두가 그들의 클라이언트다. 세계적인 움직임, 대통령 선거나 세상을 시끄럽게 만드는 스캔들, 나아가 국제 분쟁까지 모든 국면에 개입한다. 그야말로 '세계를 움직이는' 존재다.

표 2는 PR 회사의 세계 랭킹이다. 세계 1위는 독립 계열 에덜먼(Edelman; 미국)으로, 2015년의 매상 순이익이 약 8억 5457만 달러다. 이어서 2위가 올림픽 유치 실적으로 유명한 웨버 샌드윅(Weber Shandwick; 미국, 인터퍼블릭그룹)인데, 매상 순이익이 약 7억 3500만 달러다. 3위는 플레시먼 힐러드(Fleishman Hillard; 미국, 옴니콤그룹)로, 매상 순이익이 약 5억 7000만 달러다. 세계 랭킹 3위에 들어가는 이 3사는 4위 이하와 확실한 차이를 형성하는 부동의 순위라고 말할 수 있다. 종업원 수는 3천 명에서 5천 명 정도다.

4위 이하를 살펴보자. 외국자본 계열 PR 회사로 일본에서도 유명한 버슨 마스텔러(Burson Marsteller)나 힐앤놀튼(Hill & Knowlton), 오길비 PR(Ogilvy PR) 등이 뒤를 잇는데, 그 대부분이 미국 세력이다. 종업원 수 규모는 2천 명에서 3천 명이다. 그리고 10위에 중국의 블루포커스(Blue Focus)가 들어가 있다. 유일한 아시아계 PR 회사로서 베스트 10에 들어가 있는 이 회사는 2015년에 37%의 성장을 달성하면서 9위인 브런스윅(Brunswick)의 매출에 근접해 있다.

그런데 여기서 우리가 알아야 할 점은 개시한 매상의 세

회사명	매상 순이익		성장률
	2015년	2014년	
1 (미국) 에덜먼	854,576	812,300	5%
2 (미국) 웨버 샌드윅	735,000	680,000	8%
3 (미국) 플레시먼 힐러드	570,000	600,000	-5%
4 (미국) 케첨(Ketchum)	530,000	510,000	4%
5 (프랑스) MSL그룹	495,000	485,000	2%
6 (미국) 버슨 마스텔러	450,000	450,000	0%
7 (미국) 힐앤놀튼	380,000	380,000	0%
8 (미국) 오길비 PR	353,000	300,000	18%
9 (영국) 브런스윅	260,000	230,000	13%
10 (중국) 블루포커스	245,056	179,214	37%

출처:《PR Week》-2016 글로벌 에이전시 랭킹(단위: 천 달러)

표 2. 글로벌 PR 회사 랭킹

계 기준이 '순수익(net revenue)'이라는 것이다. 순수익의 대
부분은 클라이언트로부터 지불되는 '수수료(fee)'의 총계이
며, 업무 수행에 따르는 이벤트나 캐스팅, 매체 구매(media
buying) 등의 '실비'는 포함되지 않는다. 일본에서의 '연 매상
＝취급량'과는 대조적이다(덧붙이자면, 2015년 5월에 발표한 덴쓰그
룹의 연결재무제표에서의 매상 순수익은 약 6,770억 엔이다). 에이전시
의 입장에서 볼 때 진정한 가치는 '취급하는 양'이 아니라 '수
수료'라는 발상인 것이다.

글로벌 PR 회사에서의 15년

내가 PR 세계에 뛰어든 것은 1999년 여름이었다. 앞에서 소개한 랭킹에서 세계 3위에 해당하는 플레시먼 힐러드 일본 법인에 입사했다. 이 그룹은 당시에 이미 전 세계 80군데에 거점을 두고 있었으니, 그야말로 일본인 PR 초보자가 세계 수준의 PR 기업에 발을 들여놓은 것이었다(처음 1년 정도는 툭하면 그만둘 생각을 했었다).

플레시먼 힐러드는 1947년에 미국 세인트루이스에 설립되었다. 원조 PR 전문가인 알프레드 플레시먼(Alfred Fleishman)과 지역 신문 기자였던 밥 힐러드(Bob Hillard)가 작은 사무실에서 시작한 PR 회사가 그 원형이다. 거기에 어시스턴트로 입사한 존 그레이엄이라는 청년이 이후에 회사를 급성장시켰다. 1974년에 CEO가 된 그는 캔자스시티를 시작으로 뉴욕, 로스앤젤레스, 워싱턴DC 등 미국 전역의 주요 도시에 잇달아 사무실을 열었고, 1987년에 첫 해외 거점으로서 런던과 파리로 진출했다.

1990년에는 홍콩 사무실을 시작으로 아시아까지 진출했고, 중국과 싱가포르에 이어 도쿄 사무실이 설립된 것이 1997년이다. 즉, 내가 입사한 1999년 무렵은 거의 '세계 제패'를 한 직후라서 활발한 분위기였고, 카리스마 넘치는 CEO인 존 그레이엄(현재는 회장)은 신흥 종교의 교주 같은 존재로 느껴져 솔직히 주눅이 들기도 했다.

입사해서 가장 먼저 놀란 것은 정말로 '글로벌'이라는 것이었다. 우선 세계 곳곳에서 이메일이 끊임없이 날아온다. 프랑스에서, 홍콩에서, 남아프리카에서, 뉴욕에서…. 그것도 "이번 주 목요일에 프레젠테이션을 해야 하니 빨리 데이터를 모아주십시오! 애완동물 사료와 관련한 성공 사례를 전 세계에서 요구하고 있습니다!"라는 식이다. 처음에는 그 엄청난 기세에 압도당하여 허둥거렸지만 한편으로는 이용할 만한 가치가 있다는 생각에 짧은 기간 동안 전 세계의 정보를 모아 도쿄의 클라이언트를 감격시킨 적도 있다.

특히 전문성을 특화한 '프랙티스 그룹(practice group)'이라는 횡적 기능의 존재에는 감탄하지 않을 수 없었다. 헬스 케어와 테크놀로지, 디지털 등의 전문 영역이 세계 수준에서 각각 가상의 기업(virtual company)처럼 움직이며 클라이언트들을 만나고, 새로운 안건을 만들어나간다. 지리적으로 소속된 사무실과 전문성을 가진 분야별 프랙티스 그룹의 매트릭스(matrix) 구조가 있는 것이다. 내 경우에는 '도쿄 사무실에 근무하면서 소비재 마케팅 그룹 소속' 같은 위치였다. 대리점처럼 '제○영업부'가 일반적이라고 여겼던 내 입장에서는 이것도 참신한 구조였다.

입사한 지 2년 정도 지났을 때 마이애미에서 개최된 소비재 마케팅 그룹 회의에 처음 참가했다. 사흘 동안 전 세계에서 300명 정도가 모여 각국의 사례를 공유하고 논의하는 회의다. 자유여행인 디즈니랜드 투어를 포기할 정도로 완전히 지쳐버렸지만 이 경험이 없었다면 지금의 나는 존재하지 않았을 것이다. 후에 일본에서 '전략 PR'이라고 불리는 발상을 갖추게 된 것도 이 즈음이다.

이렇게 써놓고 보니 글로벌 PR 회사에는 장점만 있는 것처럼 비칠 수도 있지만 뜻밖의 약점도 있었다. 'PR이 당연하다'고 생각하면서도 PR의 방법론을 논리적으로 설명하지 못한다는 점이다. 말하자면 '암묵지(暗默知; 학습과 경험을 통하여 개인에게 체화되어 있지만 겉으로 드러나지 않는 지식)'인 부분이 꽤 많아서 내 입장에서 보면 '그 암묵지야말로 알고 싶은 부분'인데 아쉽다는 느낌도 있었다. 몇 번을 들어도 "보통 이런 식으로 PR을 하면 이런 결과가 나온다."는 식이어서 논리적으로 이해하기 어려웠다.

그렇다면 이른바 리버스 엔지니어링(reverse engineering; 이미 만들어진 시스템을 역으로 추적해 설계 방법 등의 자료를 얻어내는 일)을 하는 수밖에 없다는 생각에 그룹 내부는 물론이고 전 세계의 베스트 실행 사례들을 조사하고, 그야말로 하나하나 분해해나갔다. 무엇을 어떻게 하면 효과 높은 PR을 할 수 있을까… 처음에는 당장 회사를 그만두겠다고도 생각했는데 입사 3년이 지난 시점에서는 이런 문제를 추구하고 패키지화하는 일에 몰두해 있었다. 다시 말하면 PR에 관하여 잘 모르고 있었기 때문에 암묵지를 형식화한다는 발상을 할 수 있었다.

이렇게 해서 구축한 방법론을 토대로 2006년에 블루 커

런트 저팬(Blue Current Japan)을 설립했다. 그것이 '전략 PR'이
라는 틀로 진화하여 현재에 이르렀다.

PR 작품이 다섯 배로 증가한 칸 라이언즈

이처럼 역동적인 PR에서는 세계적으로 거대한 조류가 진
행되고 있다. 바로 '창조성(creativity) 중시'다. 이를 상징적으
로 보여주는 예는, 칸 라이언즈(Cannes Lions International Fes-
tival of Creativity)에 PR 부문이 설립되어 지난 몇 년 동안 가
장 성장한 분야가 되었다는 사실이다.

매년 6월에 일주일 동안 칸 영화제가 끝나자마자 프랑스
칸에서 개최되는 칸 라이언즈는 2011년에 정식 명칭에서 '광
고(Advertising)'라는 단어가 사라지고 '창조성(Creativity)'이라
는 단어가 들어갔다. 이것은 '창조성이 발휘되어야 할 곳은
광고만이 아니다'라는 메시지다. 이에 앞선 2009년에 PR 부
문이 개설되었는데, 마치 기다렸다는 듯이 전 세계로부터 응
모가 접수되어 매년 증가하는 양상을 보이더니 6년 만에 후
보작이 2009년의 다섯 배인 2천 작품에 이르렀다.

"칸 라이언즈는 원래 광고 경쟁이었기 때문에 PR 부문이
설립된 이후 몇 년 동안은 심사 위원으로 광고 회사 사람이
포함되어 있었습니다. 응모 작품도 광고 회사로부터 들어온

것이 많았고, 매스미디어에서 대량으로 퍼블리시티를 획득하거나 소셜 미디어에서 입소문(viral)을 내는 것과 같은 플래시몹(flashmob) 등의 기획이 화제가 되었다는 것만으로 수상을 노렸던 시기도 있었습니다."

칸 라이언즈 PR 부문 심사 위원을 세 차례 담당했던 하쿠호도케틀(博報堂kettle)의 시마 고이치로(嶋浩一郎)는 당시를 이렇게 회상한다. 실제로 PR 회사의 후보작 수가 광고 회사의 후보작 수를 추월한 것은 2015년 이후부터다. 칸 라이언즈는 세계 PR인들의 참가율을 높이기 위해 심사 위원으로 PR 글로벌 에이전시의 CEO 등을 초빙했다. 그런 식으로 PR 업계를 끌어들이는 과정에서 심사 기준 자체도 수정되었다. 시마 고이치로의 말을 인용해보자.

"그 일에서는 새로운 사회적 합의 형성(agreement formation)이 이루어졌는가, 합의 형성 과정에 아이디어 풀(idea pool)인 창조성이 있는가 등이 논의되어 현재와 같은 판정 기준으로 변화해왔습니다."

퍼블리시티는 '양치질'과 같다?

"퍼블리시티는 양치질과 같다."
2011년 칸 라이언즈 PR 부문 심사 위원장을 맡았던 플레시먼 힐러드의 당시 CEO였던 데이브 시네이(Dave Senay)가 기자회견 직후에 기자들의 질문에 답한 말이다.

뉴스를 만드는 것은 PR인의 입장에서 볼 때 양치질처럼 당연한 것이며, 중요한 점은 그 퍼블리시티로 무엇을 일으키는가 하는 것이다. 그야말로 본질적인 포인트로, 2011년은 시마 고이치로의 말에 따르면 "PR의 평가 기준이 정의된 해"라고 할 수 있다.

데이브 시네이는 당시를 이렇게 회상한다.

"PR의 성공은 무엇을 가리키는가? 그 질문이 출발점이었습니다."

"열여섯 명의 심사 위원은 퍼블리시티 결과와 광고 환산만 강조하는 후보작에 솔직히 많이 당황했습니다. 퍼블리시티는 중요하지만 그 역할은 인지 획득에서의 기본 활동일 뿐이지요. 굳이 표현한다면 일상생활에서의 '양치질' 같은 것입니다."

그래서 앞에서 소개한 'PR의 피라미드 구조'가 탄생했다. 데이브 시네이는 심사 위원장으로서 이 피라미드 구조를 정식 평가 기준으로 발표했다.

데이브 시네이의 말을 한 번 더 인용해보자.

"매우 심플한 구조로 PR에서의 상하 질서를 제시했습니다. 위로 갈수록 중요한 것이니까 누가 보아도 이해하기 쉽지요. 세계의 PR인들은 크게 공감했고 이를 적극적으로 수용했습니다."

세계 PR 업계에서는 이 책에서 되풀이하여 설명하고 있는 '행동 변화'를 이미 5년 전 시점에서 '본래 지향해야 할 것'으로 인식하고 있었던 것이다. 지금은 칸 라이언즈뿐 아니라 PR과 관련된 많은 국제 경연 대회에서 '사람의 행동을 바꿀 수 있었는가?' 하는 것이 평가 기준이 되어 있다.

한편 이 평가 기준은 PR 시책의 효과를 검증하는 기준을 높이는 결과를 낳았다. '말은 쉽지만 실천은 어려운 것'이기 때문이다. 나 자신도 15년 이상의 경력을 쌓아오는 과정에서 실감하고 있지만 '사람의 행동을 바꾼다'는 것은 쉬운 일이 아니다. '거대한 행동 변화를 일으켰다'고 당당하게 말할 수 있는 PR 시책이 과연 몇 번이나 있었을까?

이 점에 관해서 일본의 PR 업계는 유감스럽게도 아직 한참 뒤처져 있는 상황이다. 2016년 일본 퍼블릭 릴레이션스 협회(PR협회)가 주최하는 'PR 어워드 그랑프리'는 심사 기준을 대폭적으로 쇄신했다. 그중에서 간신히 강조되기 시작한 것이 활동 성과를 설명할 때의 '광고 환산의 금지'다. 참고 지표로는 활용할 수 있지만 그것을 주요 성과 지표로 인정하지는 않는다. 칸 라이언즈가 2011년에 평가 기준을 정했다는 점을 생각하면 무려 5년이 뒤처졌다.

일본은 'PR이 서투르기 때문에' PR이 뒤처진 것인가, 아니면 'PR이 뒤처졌기 때문에' PR이 서투른 것인가. 닭이 먼저냐 달걀이 먼저냐와 같은 이야기라고 할 수 있지만 국익이라는 관점에서 보더라도 PR에 국가적으로 더욱 관심을 기울여야 할 필요가 있다.

그렇다고 PR을 발전시키려면 아직 멀었다는 식으로 비관할 필요는 없다. 이것을 바꾸어 말하면 PR 능력 없이도 이렇게까지 성장을 할 수 있었다는 의미이기에 앞으로도 성장할 가능성이 풍부하다는 기회로 볼 수도 있다. 또 일본이기 때문에 유리한 점도 있다. 앞에서 소개한 시마 고이치로는 자칫 야유를 받을 수도 있는 일본의 독자적인 비즈니스 습관을 두고 이렇게 말한다.

"해외는 PR 회사와 광고 회사가 독립되어 있기 때문에 사실 일본만큼 '협력'에 익숙하지 않습니다. 일본은 특수한 시장으로, 광고 회사 안에 PR 부문이 존재하기 때문에 비즈니스의 흐름상 클라이언트는 우선 광고 회사에 일을 의뢰하고 그 흐름 속에서 PR 회사에 일을 발주하는 경우도 많지요. …일본 PR인들의 장점은 광고 회사 사람들과 서로 협력해서 일을 할 기회가 많다는 것입니다. 이것은 지금 요구되고 있는 통합형(integrated) 캠페인, 즉 다양한 커뮤니케이션 수단을 통합하여 시나리오를 만들고 실행해가는, 최신형 커뮤니케이션을 기획하는 능력이 뛰어나다는 것입니다."

글로벌 PR 업계에서 오랜 세월 동안 일을 해온 나도 여기에는 동감한다. 이 의견을 뒷받침하는 근거는 사실 앞에서 소개한 '글로벌 PR 회사 세계 랭킹' 안에도 존재한다. PR 업계 전체의 성장률을 살펴보길 바란다. 세계 랭킹을 발표하고 있는 《PR Week》에 의하면 세계 베스트 50개사의 2015년 성장률은 4%로, 2014년의 8%에서 절반으로 줄어드는 결과가 나왔다.

이 점에 대해서는 아무래도 업계 전체가 일종의 '휴식기'로 돌입했다는 견해가 강하다. 세계적으로 이른바 '광고 기법의 통합'이 진행되어 각 에이전시의 틀을 초월하는 원스톱 서비스가 요구되는 상황에서 각 회사의 시행착오가 악영향을 끼쳤기 때문에 발생한 현상이라는 것이다. 그런 상황에서도 18%의 성장을 이룬 8위의 오길비 PR이 순조로운 성장세를 보이는 이유는 다른 에이전시와 비교할 때 광고, 디지털, PR의 통합이 그룹 안에서 잘 진행되기 때문이라는 견해가 있다. 일본은 광고 기법만 발달하고 PR은 찬밥 신세를 면치 못하고 있는 듯한 느낌이지만 뜻밖으로 앞으로는 그것이 강점으로 작용할지도 모르겠다.

전략 PR의 여섯 가지 요소

이번 장에서는 PR이 서투른 일본의 상황과 해외의 역동적인 PR에는 아직 커다란 격차가 존재한다는 것과 더불어, 그 격차는 기회이기도 하며 그 강점을 활용해서 PR 능력을 발전시킬 가능성도 크다는 점을 설명했다. 그렇게 하려면 세계 수준으로 평가되는 몇 가지 PR 사례를 '역추적'해서 분석해볼 필요가 있다.

다음 장부터는 대담을 포함하여 드디어 이 책의 핵심인 전략 PR을 성공시키기 위한 '여섯 가지 요소'로 들어간다. 이 여섯 가지 요소는 이미 소개한 세 가지 요소와 새로운 세 가지 요소로 구성된다. 8년 전에 출간한 책에서 나는 전략 PR의 세 가지 요소를 제기했는데 다음과 같다.

1. 공공의 요소 - 사회성 담보
2. 우연의 요소 - 우연성 연출
3. 보증의 요소 - 신뢰성 확보

'공공'이란 사회성이나 공공성을 일컫는다. 세상의 욕구나 사회 과제에 자사나 자사의 상품을 연결한다는 관점이며, 이는 PR의 기본이라고 말할 수 있다.

'우연'이란 정보가 홍수를 이루고 있는 상황에서 우연히 만나는(만났다고 여겨지는) 정보의 가치를 말한다. 지나치게 표적화되는 것을 싫어하는 소비자의 경향이 강화되고 있는 상황에서 콘텐츠와 직결시킬 수 있는 요소다.

'보증'은 인플루언서 등 '제삼자 발신'에 의해 얻을 수 있는 신뢰성을 말한다. 소셜 미디어가 정착되고 차세대 인플루언서 마케팅이 부흥하기 시작한 현재에 이르러 더욱 중요한 요소가 되었다.

이 책에서는 이상의 세 가지 요소에 관해서도 지난 8년 동안에 발생한 환경 변화나 세계적 흐름 등을 고려하여 보편적인 요소는 남겨두고 대폭으로 업데이트하여 설명할 것이다. 이른바 '최신'의 공공, 우연, 보증의 요소다.

그리고 이들 요소에 이번에 새롭게 첨가하는 세 가지 요소는 다음과 같다.

4. 본질의 요소 – 보편성 발견
5. 공감의 요소 – 당사자성(當事者性) 부여
6. 재치의 요소 – 기지성(機智性) 발휘

'본질'의 요소는 보편적인 주제가 가지고 있는 영향력의 효용과 관련된 것이다. 사회에 영향을 끼치는 PR에는 사람들이 "그래. 잘 말해주었어!"라고 말할 수 있는 잠재적인 보편성에 호소하는 경우가 많다. 그 메커니즘에 대해 설명할 것이다.

'공감'은 말 그대로 정서적 요소이며 그것이 결과적으로 초래하는 '당사자성'이다. 여기에서는 기업의 커뮤니케이션 기법으로 최근에 주목을 받고 있는 '스토리텔링'의 관점에서 생각해볼 예정이다.

마지막으로 '재치'의 요소다. 이것은 위트나 재치에서 볼 수 있는 기지와 임기응변이 풍부한 커뮤니케이션으로, 일본의 PR에는 아직 부족한 부분이다. PR의 창조성을 실현하는 요소이기도 하다.

이렇게 새롭게 첨가된 세 가지 요소는 본질, 공감, 재치다. 지금부터 PR의 여섯 가지 요소를 국내외의 최신 사례나 데이터를 풍부하게 소개하면서 장을 나누어 설명할 것이다. 자, 준비가 되었으면 들어가 보자.

시마 고이치로 + 혼다 데쓰야

"
PR에 더 많은 창조성을!
"

시마 고이치로

하쿠호도케틀 대표이사 사장이자 공동 CEO이며, 편집자, 크리에이티브 디렉터이기도 하다. 1968년생으로, 1993년 광고 회사 하쿠호도에 입사했고, 코퍼레이트 커뮤니케이션(corporate communication)국에서 기업 PR 설계를 담당했다. 2004년 '서점대상(本屋大賞)' 설립에 참가했으며, 현재 NPO서점대상실행위원회 이사를 역임하고 있다. 2006년 기존의 기법에 얽매이지 않는 커뮤니케이션을 실시하는 '하쿠호도케틀'을 설립했고, 문화정보지 《케틀》 편집장, 지역 뉴스 사이트 《아카사카(赤坂) 경제신문》 편집장 등 미디어 콘텐츠 제작에도 적극적으로 관여하고 있다. 2012년 도쿄 시모키타자와(下北澤) 역에서 서점 B&B를 개업했다.

PR의 역할은 무엇인가

혼다 시마 씨와는 심사나 행사 등에서 자주 뵈었지만 이처럼 대담을 하는 것은 처음이군요. 잘 부탁드립니다. 이번에는 시마 씨가 과거 세 차례 심사 위원을 담당하셨던 칸 라이언즈 등에서 얻은 식견을 들어보고 해외 PR의 흐름과 일본 PR 담당자들이 앞으로 지향해야 할 방향 등에 관하여 대화를 나누어보고 싶습니다. 갑작스러운 질문이지만 PR은 근본적으로 무엇입니까?

시마 본래 PR이란 사회나 어떤 지역 안에 새로운 합의를 만들어내는 것이지요. 예를 들면 남성이 육아에 참가하는 '이쿠멘'이라는 새로운 라이프 스타일을 세상에 정착시킨다거나 성적 소수자(LGBT)들을 받아들이는 새로운 가치관을 침투시키는 식으로 새로운 개념이나 가치 기준, 라이프 스타일을 만들어냈는가 하는 것이 PR에 대한 평가입니다. 그렇기 때문에 PR과 관련된 국제 경연에서의 판정 기준은 '합의 형성'이 이루어졌는가 하는 점입니다. 칸 라이언즈에서는 창조성도 중시하지요. 설립 이후 줄곧 창조성이 근간을 이루고 있는데 PR 부문에서도 "그래. 그런 방법이 있었어!"라고 감탄할 수 있는 방식으로 합의 형성을 이루어낸 일이 높은 평가를 받습니다.

참신한 방법으로 합의 형성을
이끌어낸 대표 사례

시마 과거 칸 라이언즈 수상작 중에서 재미있는 합의 형성을 이끌어낸 대표작을 두 가지 정도 선택한다면, 첫째는 호주의 내셔널 오스트레일리아 은행(이하 NAB)의 'Break Up(결별)'이라는 PR을 들 수 있습니다(2011년 PR 부문 대상). 은행의 서비스는 모두 비슷비슷한 것이라고 생각하고 있던 호주인들의 '인식'을 바꾸기 위한 캠페인으로, 그 캠페인을 전개하면서 NAB는 다른 은행에 '결별 선언'을 했지요. 예를 들면 라이벌 은행의 건물에 트레일러를 타고 찾아가서 피아니스트가 이별과 관련된 노래를 부르거나 "You're dumped(당신은 버려졌다)"라는 문구가 쓰여 있는 플래카드를 늘어뜨린 헬리콥터로 다른 은행의 본사 건물 위를 선회하는 식으로 거대한 결별 의식을 실행했습니다.

혼다 독특한 방식이군요.

시마 그렇지요. 하지만 NAB는 그 방법을 이용해서 다수의 퍼블리시티를 획득했고, 많은 호주인들에게 "이 은행은 다른 은행과는 다르다."는 인식의 변환을 이끌어냈을 뿐 아니라, 예금과 주택융자 등을 다른 은행에서 NAB로 바꾸는 행동 변화도 일으켰습니다. 여기에서 중요한 것은 인식과 행동을 변화시킴과 동시에 "그래. 그런 방법이 있었어!"라고 감탄하게 만드는 창조적인 방법을 사용했다는 것입니다.

혼다 고도의 PR이군요.

시마 또 하나가 2013년의 PR 부문 대상을 다투다가 금상을 수상한 유니리버(Uni-Liver)의 토털 뷰티 케어 브랜드인 '도브(Dove)'의 'Real Beauty Sketches'입니다. 일반적으로 여성들이 자신의 생김새를 실제보다 왜곡하여 부정적으로 생각하고 있음을 밝히고 진정한 아름다움은 왜곡이나 만들어지는 것이 아니라는 것을 보여주고자 하는 캠페인이었습니다. 유니리버는 FBI에서 몽타주 수사관으로 근무했던 경험이 있는 사람에게 여성의 얼굴을 보지 않고 전해 들은 특징만으로 몽타주를 그려보게 했습니다. 우선 여성 자신이, 다음에 그녀를 알고 있는 지인이 수사관에게 얼굴의 특징을 전합니다. 그러자 지인으로부터 설명을 듣고 그린 몽타주 쪽이 훨씬 더 아름답게 그려졌습니다. 여성은 강한 자신감을 가지고 살아야 한다는 PR인데, 여기에도 "그래. 그런 방법이 있었어!"라는 감탄을 이끌어내는 창조성이 포함되어 있지요.

혼다 독창적인 방식이군요.

칸 라이언즈 PR 평가 기준의 변천

혼다 하지만 칸 라이언즈가 PR 부문을 개설한 것은 2009년부터입니다. 처음부터 지금처럼 창조성을 요구한 것은 아니었지요?

시마 칸 라이언즈는 원래 텔레비전 광고나 그래픽 광고를 심사하는 광고 업계의 경연 대회였기 때문에 PR 부문이 설립된 이후 몇 년 동안은 심사 위원으로 광고 회사 관계자들이 많이 포함되어 있었습니다. 응모 작품도 인터넷에서 입소문이 났거나 광고로 널리 알려진 작품 등이 많고 광고의 노출량만으로 상을 받은 시대도 있었습니다. 물론 지금은 새로운 개념이나 라이프 스타일 정착에 주안점을 두게 되었습니다만! 그러다 2015년에 비로소 PR 회사의 후보작 수가 광고 회사의 후보작 수를 넘어섰지요.

혼다 그렇군요. 그전에는 화려한 광고가 수상을 한 경우가 많았군요?

시마 그렇습니다. 하지만 칸 라이언즈 사무국이 세계의 PR인들이 참가하는 경연 대회로 발전시키겠다고 마음먹고 심사 위원으로 PR 계통 글로벌 에이전시 CEO 등을 초빙하면서 PR 업계의 참가를 촉진했습니다. 그 과정에서 심사 기준이 바뀐 것이지요. 합의 형성이 정말로 이루어졌는가, 합의 형성 과정에 창조성이 있는가 하는 점들이 논의되면서 현재의 창조성이 확립된 것입니다.

행동 변화를 이끌어내야 하는 PR

시마 "퍼블리시티는 양치질과 같다."는 말이 있습니다. 즉, "뉴스를 만드는 것은 PR인들의 입장에서 볼 때 양치질을 하는 것처럼 당연한 일이다. 문제는 퍼블리시티를 통해서 무엇을 하는가다."라는 뜻이지요. 이 말을 누가 한 건지는 아시지요?

혼다 네. 당시 플레시먼 힐러드의 글로벌 CEO였던 데이브 시네이가 심사 위원장을 담당했던 2011년의 칸 라이언즈에서 기자회견을 마친 뒤에 한 말입니다.

시마 정말 훌륭한 기자회견이었습니다. 그해 PR 부문 심사 기준이 상당히 명확해졌다고 생각합니다. 많은 기준이 만들어진 것이 아니라 그 상위 개념인 '합의 형성'이 어느 정도나 이루어졌는가 하는 것을 심사하게 되었지요. 즉, 지금까지의 상식을 대신하는 개념이 침투(인식 변화)해서 새로운 행동을 일으켰는가(행동 변화) 하는 점을 확인하는 것이지요. 일본에도 평가를 받을 만한 일은 많이 있습니다. 우리 PR인들이 상을 받기 위해 일을 하는 것은 아니지만 해외의 PR인들이 '합의 형성' 기술을 경쟁하고 있는 상황에서 자신의 능력이 어느 정도 되는지 시험해볼 만한 가치는 있다고 생각합니다.

칸 라이언즈에서 배울 만한 세 가지 포인트

혼다 2016년에는 일본 PR인들의 모습을 칸 라이언즈에서 더 많이 보게 되었습니다.

시마 네. 일본 PR인들의 수가 조금씩 증가하고 있지요. PR 부문이 없었던 시절에는 PR인들은 무엇을 보아야 좋을지 몰라 당황하는 경우도 많았습니다. 저는 지난 십수 년 동안 칸 라이언즈에 참가하고 있는데 정보를 교환하기 위해 칸으로 날아오는 PR인들과 현지에서 식사를 하는 시간을 자주 가졌습니다. 2002년, 2003년에는 서너 명 정도가 조촐하게 모이는 식사 자리였지요. 그런데 2016년에는 20명 정도가 모였습니다. 지난 10년은 커뮤니케이션 업계에서 PR인들의 가치가 높아진 시대와 겹칩니다. 칸 라이언즈에서는 다양한 장르의 커뮤니케이션 기법들을 선보이기 때문에 다른 사람의 경험을 통해서 새로운 것을 배우는 경우도 많습니다. 따라서 PR인들은 칸 라이언즈로 좀 더 자주 견학을 가서 그 분위기를 느껴보아야 한다고 생각합니다.

혼다 칸 라이언즈에서 배울 점이 있다는 말씀이군요.

시마 네. 크게 세 가지 포인트가 있습니다. 첫째, PR은 광고가 아니라 '합의 형성'이라는 점입니다. 둘째는 좀 더 창조적으로 생각하라는 점입니다. 셋째는 일본의 PR인은 통합형 캠페인이 강점이기 때문에 좀 더 노력해야 한다는 것인데, 사실 이것은 배울 점이라기보다 응원에 가까워요.

혼다 일본에서의 PR KPI(Key Performance Indicator; 핵심 성과 지표)는 아직도 '광고 환산으로 어느 정도의 퍼블리시티가 나왔는가?' 하는 것이 일의 평가 기준이지요.

시마 그렇습니다. PR인들이 업무의 가능성을 스스로 좁히고 있다고 말해도 지나친 표현이 아니지요. 앞에서도 설명했듯 본래 PR은 새로운 '합의 형성'을 양성하는 고도의 커뮤니케이션 기술입니다. 물론 광고도 '세상에 새로운 개념을 만들어내기 위해 제삼자인 영향력 있는 미디어가 그 정보를 전해준다'는 점에서는 매우 중요한 기술입니다. 하지만 그것은 어디까지나 수단이지요. 그 광고를 통해서 어떤 인식 변화를 초래했는가, 최종적으로는 어떤 행동을 환기시켰는가 하는 점이 PR인들이 본래 해야 할 일이지요. 이것이 칸 라이언즈에서 배울 수 있는 포인트 중의 하나입니다.

좀 더 자유롭게! 좀 더 창조적으로!

혼다 창조성이라고 하면 지금까지는 광고인들의 특기 분야라는 식으로 받아들였지요?

시마 원래 칸 라이언즈는 아이디어를 평가하는 국제 경연 대회입니다. 사실 PR은 목적 달성, 즉 새로운 합의 형성이나 새로운 행동을 정착시키려면 무엇을 해도 상관이 없는 커뮤니케이션 기술입니다. 학회를 만들거나 로비 활동을 하거나 국제회의를 개최하거나, NPO를 만들거나 무엇을 해도 상관없습니다. 그렇기 때문에 사실은 매우 자유롭고 중립적인 커뮤니케이션이지요. KPI가 광고 환산이 되어버리면 일본의 PR인들은 광고만 신경 쓰지만 본래는 좀 더 다양한 방식을 이용해도 됩니다. 사실 뒤에서도 소개하겠지만 2016년의 수상 작품 'The House of Clicks'는 빅데이터를 PR 형식으로 사용했습니다. 지금은 광고 쪽이 테크놀로지를 많이 사용하고 있는데, PR인들도 테크놀로지를 마음껏 활용할 수 있고, 반대로 테크놀로지를 가지고 있는 전문가는 PR인들과 함께 일을 하는 것으로 영역이나 선택의 폭을 넓힐 수 있다고 생각합니다.

혼다 그렇죠. 최근 젊은 PR인 중에는 과학기술 전문가도 증가하고 있습니다. PR이라는 영역은 과학기술 전문가들도 잘 모르는 사람이 많았지만 지금은 양쪽이 꽤 근접해 있지요. 디지털이나 최신 기술이 PR의 발상과 접목되면 확실히 훌륭한 효과를 얻을 수 있다고 생각합니다. 그것이 'The House of Clicks'에서 발생한 일이지요.

시마 최신 해외 사정을 이해하면 PR인들은 우리가 가지고 있는 선택의 여지가 많다는 사실을 배울 수 있습니다. 보다 창조적인 일을 하고 참신한 아이디어로 사회 문제를 해결할 수 있게 되는 것이지요. 이것이 두 번째 포인트입니다.

통합형 캠페인이 일본 PR의 강점

혼다 하지만 일본은 다른 나라와 비교했을 때 PR 회사나 PR인들이 놓여 있는 상황이 다르지 않습니까?

시마 네. 해외는 PR 회사와 광고 회사가 각각 독립되어 있기 때문에 사실 일본만큼 '협력'에 익숙하지 않습니다. 일본은 특수한 시장이지요. 광고 회사 안에 PR 부문이 존재하는 식이기 때문에 비즈니스의 흐름을 볼 때 클라이언트는 우선 광고 회사에 일을 의뢰하고 그 흐름 속에서 PR 회사에 일을 발주하는 경우도 많습니다.

혼다 자유롭게 아이디어를 낼 수 없다는 느낌이 드네요.

시마 그런 문제가 있기는 하지만 일본 PR인들의 장점은 광고 회사와 서로 협력해서 일을 할 기회가 많다는 것입니다. 이것은 지금 요구되고 있는 통합형 캠페인, 즉 다양한 커뮤니케이션 수단을 통합해서 시나리오를 만들어 실행하는, 최신형 커뮤니케이션을 기획할 능력이 갖추어져 있다는 뜻이지요. 그렇기 때문에 PR인들도 겁먹을 필요 없이 리더십을 발휘해서 캠페인을 기획하는 입장에 서야 합니다.

PR의 성과 지표를 재조명하다

혼다 일본 PR인들의 일이 좀 더 평가받기 위해 무엇이 필요할까요?

시마 앞에서도 설명했지만 KPI를 광고 환산으로만 보여준다는 것은 클라이언트도, PR인들도 일의 가능성을 좁히고 있는 것입니다. 예를 들어 "퍼블리시티가 광고 환산으로 2억 엔이 되었다!"고 해도 클라이언트 쪽은 그 2억 엔을 내기 위해 노력하고 있는 것이 아니라 그 상품을 세상에 알려 새로운 생활을 만들어내기 위해, 또는 새로운 개념을 세상에 정착시키기 위해 노력하는 것 아니겠습니까? 본래는 광고 환산에서 2억 엔이건 3억 엔이건 클라이언트 쪽에서 보면 그다지 의미가 없지요. 하지만 KPI에 인식 변화나 행동 변화를 포함할 경우, 평가 기준이 매우 높아집니다. 저는 PR인들이 기업의 입장에서 중요한 과제를 PR이라는 커뮤니케이션 수단을 통해서 해결할 수 있다면 좀 더 수익성 높은 일을 할 수 있다고, 즉 높은 보수를 받을 수 있다고 생각합니다. 인식을 전환시킬 수 있는 기량을 갖춘 PR인들이 일본에서 계속 탄생하도록 하기 위해서도 KPI를 광고 환산으로 측정하는 현재의 상황은 바꾸어야 하지 않겠습니까? 그런 자극을 받을 수 있다는 의미에서도 칸 라이언즈는 유용한 시금석이 될 수 있을 것입니다.

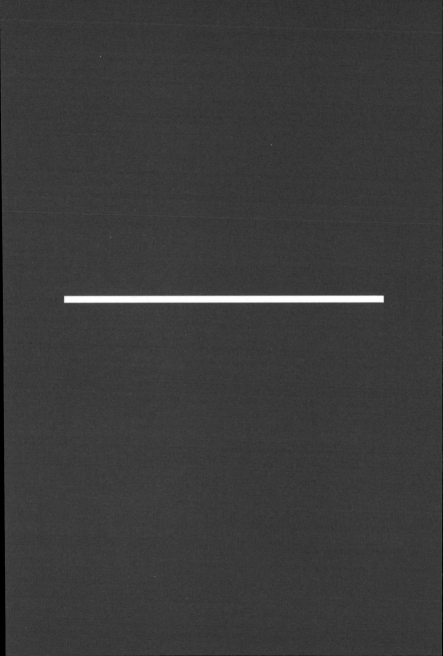

공공의 요소

사회성을 담보하다

_____ 4장

소셜 굿의 조류

전략 PR에서 가장 중요한 것은 '사회성'이다. 최근에는 '소셜 굿(Social Good; 공익)'이라고 표현되는데, PR뿐 아니라 세계적인 광고나 마케팅 분야에서 크게 유행하고 있다. 그 흐름을 조금만 살펴보자.

'소셜 굿'이란 '사회를 보다 바람직하게 만든다', '사회 과제를 해결한다'는 것을 목적으로 한 활동을 총칭하는 말이다. 이 키워드가 세계 마케팅 업계에서 화제가 된 것은 2010년 전후다. 필립 코틀러(Philip Kotler) 교수의 '마케팅 3.0', 마이클 포터(Michael Eugene Porter) 교수의 'CSV(공유가치 창출)'가 잇달아 제기되면서 사회와 공존하는 기업 활동이나 마케팅이 '차세대 마케팅'으로 간주되었다. 이 움직임은 소셜 미디어가 본격화된 시기와 비슷하다.

이어 2012년경부터 칸 라이언즈에서도 소셜 굿은 광고업계 전체의 트렌드가 되지만 약간 안일하게 퍼져 나간 느낌이 있다. 어쨌든 '공익적인 느낌'을 띠면 시기에 어울리는 캠페인으로 인정받아 수상할 수 있다는 이유로, 모두가 '소셜 굿'에 집중하는 분위기가 형성되었다. 그래서 무슨 일이건 한 번쯤은 원점으로 되돌아가듯 2014년 칸 라이언즈에서는 "소셜 굿은 문제가 있다."는 불만이 터져 나오기 시작했다. 아무리 시기에 맞는다 해도 그쪽으로만 쏠리는 것에는 문제가 있다는 지적이었다.

어쨌든 소셜 굿이 거대한 흐름인 것은 맞다. GDP가 높은 세계 9개국의 1만 명을 대상으로 실시한 2015년의 조사 'Global CSR Study'에서도 소비자의 90%가 '이익 추구뿐 아니라 사회적 과제에 책임을 질 것'을 기업에 요구하고 있다. PR의 '장기'이기도 한 사회성이나 공공성의 담보는 세계적인 소비 사회의 성숙과 함께 광고를 포함한 통합 커뮤니케이션의 중요한 요소가 되어가고 있다.

이것이 PR의 첫 요소인 '공공'이다. 중요한 포인트는 두 가지다. '사회 인사이트(insight) 파악'과 '솔루션(solution)의 실행'이다. 인사이트는 '통찰' 등으로 번역되는데 사회를 깊이 통찰하고 다층적인 사회 과제를 파악할 수 있는가, 그에 대한 솔루션(해결을 위한 시책)이 명확하게 제시되고 유효성을 가지는가 하는 것이다. 최신 해외 사례를 포함하여 이야기를 진행해보도록 하자.

집안일을 하지 않는 인도의 아버지들

150만 명의 아버지를 움직인 P&G의 전략 PR

이것은 사회적 과제를 PR과 연결한 매우 이해하기 쉬운 사례다. '집안일을 하지 않는 인도의 아버지들'에게 초점을 맞춘 P&G의 세탁 세제 '아리엘'의 'Share The Load(셰어 더 로드)'라는 캠페인이다. 이른바 세탁(가사 부담)을 부부가 함께 하자는 의미가 담겨 있다.

우선 전제로 알아두어야 할 것은 인도의 아버지들은 정말로 집안일을 도와주지 않고 "집에 돌아오면 우선 차부터 한 잔 마셔야지요. 그게 뭐 문제 있습니까?"라는 상태라는 것이다. 이 '공공'의 문제에 주목하고 유튜브 등에 동영상을 올리거나 SNS를 사용하거나 웹사이트를 이용하는 방식을 주축으로 삼아 최종적으로는 아버지들의 의식을 개혁하는 것이 목표였다.

동영상에서는 먼저 어머니들이 모여 집에서 일을 하고 있는 딸 이야기를 한다. "딸아이도 일이 바쁘고 월급도 사위보다 더 받는 것 같아요.", "우리가 젊었을 때와는 크게 달라요." 그런 자연스러운 대화를 나누고 있을 때 안쪽에서 사위의 고함 소리가 들려온다. "내 녹색 셔츠, 아직 안 빨았어?" 일제히 그쪽으로 고개를 돌리는 어머니들. 그때 다음 메시지가 나온다. "빨래는 여자만 해야 하나요?"

인도도 여성의 사회 진출이 늘어나면서 고학력, 고수입을 올리는 여성들이 증가했다. 그러나 여전히 집안일은 모두 여성의 책임이다. 일본과 비슷한 현실인 것이다. 즉, 이 캠페인은 남성의 가사 분담을 촉진하는 것이 목적이다.

우선 화제성이 있는 동영상을 흘려보내 불을 붙인 뒤에 매스컴을 이용해서 캠페인을 벌인다. 그 결과 토론 프로그램이 만들어지고 아버지들이 집안일을 얼마나 등한시하는가 하는 점이 문제로 부각되며, 화제가 점차 부풀어 오른다.

또 인도의 고난주간(Passion Week)에 의류 회사와 손잡고 "빨래는 여자만 해야 하나요?"라는 메시지를 내보내거나 의류 회사의 세탁 방법을 표시하는 꼬리표에 'Can be washed Boss & Weman(남녀 관계없이 빨래를 할 수 있다)'는 메시지를 넣는 등 인터넷 공간과 현실을 종횡무진으로 활용하면서 캠페인의 폭을 넓혔다. 그 결과 SNS에서 인도의 아버지 약 150만 명이 "나도 빨래를 하겠다."고 선언하기에 이르렀다.

이 PR 사례는 우선 '인도의 아버지들은 집안일을 등한시한다'는 '공공'의 문제를 제기하면서 의류 회사도 끌어들여 아버지들의 의식 개혁을 진행시킴과 동시에 여성들로부터 "아리엘은 정말 좋은 말을 해주는 기업이야."라는 호감을 얻는다는 매우 바람직한, 그야말로 본보기가 되는 PR이라는 점에 주목해야 한다. 마케팅 입장에서도 이 캠페인으로 빨래에 관심을 보이게 된 아버지들이 세탁 세제를 선택할 때 아리엘을 선택할 가능성이 높아지는 효과를 기대할 수 있다.

이 PR은 2015년 가을쯤에 일단 막을 내렸지만 호평을 얻으면서 2016년에 시즌 2를 제작해 텔레비전 광고로까지 폭을 넓혔다. 이번 스토리는 아버지가 딸에게 사과를 하는 내용이다. 늙은 아버지가 시즌 1에 나온 딸의 집에 놀러와 차를 마시면서 신문을 읽고 있다. 한쪽에서는 바쁘게 움직이는 딸의 모습이 보인다. 그런데 그때 딸에게 일과 관련된 전화가 걸려온다. 전화를 받는 딸 옆에는 장난감을 가지고 정신 없이 움직이는 손녀가 있다. 그리고 들려오는 "내 녹색 셔츠, 아직 안 빨았어?"라는 사위의 목소리.

모든 집안일을 혼자 처리하고 있는 딸의 모습을 보고 아버지는 생각한다. "나는 네 어머니를 전혀 도와준 적이 없다. 내가 좋지 않은 모습을 보여주어 정말 미안하구나." 독백은 이어진다. "하지만 아직 늦지 않았어. 그래. 나도 빨래를 해보자."

시즌 1은 젊은 세대 남편들이 타깃이었는데 이번에는 그 윗세대 아버지가 타깃이 되었다. "지금 의식을 개혁하지 않으면 나중에는 손녀까지 딸처럼 고생하게 된다."는 할아버지로서의 걱정스런 마음과 고생하는 딸에 대한 참회를 적절하게 표현하여 윗세대 아버지들의 가사 분담을 촉진한다.

다음에는 비슷한 주제를 가진 일본의 최신 사례를 살펴보자. 2장에서도 잠깐 언급했던 베네세의 사례다.

이쿠멘은 이제 고루하다?

베네세가 준비한 '우치파파'

일본에서도 '남녀 공동 참여'의 기운이 급속도로 높아졌다. 일을 하고 싶어도 할 수 없는 여성이 300만 명이나 되는

데, 조직에서의 여성 관리직 비율은 아직 10% 정도다. 이는 세계적으로도 낮은 수준이다. 이러한 상황에서 2016년 4월에 '여성활약추진법'이 시행되었다. 이런 흐름과 동시에 일본 남성의 의식 개혁이라는 과제도 있다. 여성의 사회 진출을 촉진하려면 '남성의 가사 분담'을 빼놓을 수 없다.

여기에 주목한 것이 통신 교육과 출판으로 잘 알려져 있는 베네세다. 베네세가 발행하는 생활정보지 《땡큐!》는 월간 27만 부의 판매 부수를 자랑하며 주부를 위한 잡지로서는 인기가 최고다. 인기 외식 메뉴를 가정에서 재현하는 '우리 집 외식' 붐을 만들어낸 실적도 있다. 이처럼 일본의 주부들에게 압도적인 영향력을 끼치는 잡지인데, 그 독자층에 재미있는 변화가 나타났다. 5년 동안 남성 독자가 세 배로 증가하여, 현재 전체 독자의 10%를 차지하기에 이른 것이다. 사회의 분위기에 호응한 현상이라고 말할 수도 있지만 베네세의 입장에서는 비즈니스 기회이기도 하다.

그래서 베네세가 구독 경험이 있는 남성들을 조사해보았더니 약 70%의 남편이 "나는 가사와 육아를 함께하고 있다."고 응답했으며, 마찬가지로 70%가 "가사와 육아에 좀 더 관여하고 싶다."고 생각한다는 사실이 밝혀졌다. 그리고 그런 남성일수록 아내와의 관계가 좋은 편이며 젊은 세대일수록 일보다 가정을 우선하는 경향이 강하다는 사실도 조사를 통해 밝혀졌다.

《땡큐!》는 이런 남성들을 '우치파파'로 명명하고, 이를 주제로 삼아 PR을 전개하기로 결정했다. '우치파파'란 앞에서도 말했듯이 '집안일을 돌보는 남성'을 가리키는 말로, 일을 하는 '워마마'의 상대어로 만든 것이다. 포인트는 가사와 육아를 '돕는다'가 아니라 창의적 연구를 하거나 생활용품을 고르는 식으로 주역이 되어 움직인다는 것이다. 그때까지도 존재했던 '이쿠멘(육아를 하는 남성)'이나 '가지단(집안일을 하는 남성)'과는 뉘앙스가 다르다.

2016년 7월《땡큐!》는 조사 결과와 함께 '우치파파'를 발표했다. 그야말로 시기적으로 딱 들어맞는 내용이라서 그랬는지 미디어들도 여기에 주목했고, 130개가 넘는 프로그램과 기사가 보도되었다. 이 흐름을 타고《땡큐!》에서는 '남성의 생활력 향상 위원회'를 설립하고, '우치파파'를 적극적으로 전개해나갔다. "지금 우치파파가 증가하고 있다!", "우치파파, 맛있는 밥을 완성!" 등의 특집은 물론이고 '우치파파' 특별 부록을 제작하거나 웹사이트에서의 '우치파파 주말 블로그'를 개시하고, 식품 회사와 제휴한 '우치파파 요리교실' 개최 등 입체적인 전개를 실시했다.

이런 움직임은 독자들로부터 높은 반향을 얻었고,《땡큐!》의 유명 블로거를 비롯하여 주부 인플루언서들에게도 호평을 얻었다. 또 인스타그램에서는 해시태그 '#우치파파'를 붙여 남편들이 자신이 어떤 식으로 집안일을 하는지 업데이트하는 횟수도 증가했다. '우치파파'라는 주제에 찬성하는 기업도 속출했다.

세계적 공공과 지역적 공공
사회 인사이트를 파악하다

'분위기를 만든다'는 것이 전략 PR이다. 그러나 그렇게 하려면 우선 '세상의 분위기'를 읽어야 한다. 지금 세상은 무엇 때문에 난처해하는가? 그 이유는 무엇인가? 무엇이 장벽인가? 즉, '사회 인사이트'를 정확하게 파악하는 것이 첫걸음이다. 간단히 말하면 어떠한 '사회 인사이트'를 발견한다는 것이지만 그렇게 간단한 이야기가 아니다.

나는 사회 인사이트를 파악하려면 세계적인 관점과 지역적인 관점이 모두 필요하다고 생각한다. 세계 공통의 과제 의식과 그 국가나 문화에서 공유되는 인사이트, 말하자면 '세계적 공공'과 '지역적 공공'이다. 인도의 사례에서는 '남녀 공동 참여'라는 세계 수준의 공공과 '집안일을 등한시하는 아버지'라는 지역적 공공이 적절하게 융합되었다.

우선 세계적 공공에 대해 말하자면, 섬나라인 일본은 이 관점이 약간 결여되어 있다. 나의 주관적인 견해일지 모르지만 일본인은 자기들끼리 갇혀 있는 세상에서는 지나칠 정도로 깊은 관심을 가지는 반면 세계적인 사회 문제에는 관심을 덜 보이는 경향이 있다. '어차피 남의 일'이라고 생각하기 때문인지는 모르지만 이제 지리적, 언어적인 이유는 통하지 않는다. 무엇보다 일본에는 수많은 글로벌 기업이 존재한다.

최근에는 중국에 밀리고 있다고 해도 일본 기업은 미국 《포춘(Fortune)》의 글로벌 기업 매상 랭킹 '글로벌 500'에 50개사 이상이 올라가 있다. 드라마로도 제작된 이케이도 준(池井戶潤)의 소설 《변두리 로켓(下町ロケット)》을 굳이 예로 들 필요도 없이 세계에 기술이나 부품을 공급하는 알려지지 않은 우량 기업이나 세계 시장을 지향하는 벤처 기업들도 존재한다. 일본 비즈니스 업계는 세계 공공에 관하여 좀 더 깊이 공부해야 한다. 거기에 PR의 기회도 있다.

자료 1은 2015년의 국제연합 서밋에서 채택된 '세계를 바꾸기 위한 17가지 목표'다. 17가지의 목표와 169가지의 타깃으로 이루어지는, 2030년까지의 국제 목표들이다. 이른바 '세계적 공공 리스트'다. 국제 수준이기 때문에 당연히 수긍이 가는 과제들뿐이지만 바꾸어 말하면 이것이 바로 세계의 관심사다.

다음으로 '지역적 공공'이다. 이것은 굳이 표현하자면 '지역의 분위기'다. 그 나라, 지역, 문화권에서는 '당연한 것'으로 공유되고 있다고 해도 외부에서 볼 때는 "그런 것도 있어?" 하고 고개를 갸웃거리게 하는 과제들도 적지 않다. 물론 일본에도 있다. 이제는 일본의 도시와 지방이 전혀 다른 나라처럼 보인다. '마일드 양키(mild yankee; 겉모습은 착실해 보이지만 내면은 날라리인 사람)'라고 불리는 지방의 신보수층이 지난 몇 년 동안 주목을 받고 있는데, 그들이 공유하는 분위기는 그야말로 지역적인 사회 인사이트다.

자료 1. 세계를 바꾸기 위한 17가지 목표   출처: 국제연합홍보센터

"월급을 더 준다고 해도 이 지역을 떠날 수는 없다.", "집을 지을 수 있어야 비로소 어른이다.", "동료와 함께 다닐 수 있는 미니 밴이 최고다." …이런 것들은 그들의 입장에서는 당연한 생각이겠지만 도쿄 등의 수도권에서 보면 쉽게 납득하기 어려운 지역적인 공공이다. 이런 것을 이해하지 않고 수도권의 감각으로 PR을 주도한다면 지역에서는 통하지 않는다. 하물며 국제 수준에서는 더욱 그러하다.

국제연합부터 마일드 양키까지 꽤 양극단을 달렸다. 자칫 모순되는 것처럼 느껴질 수도 있지만 PR에서의 '공공'이란 '어디까지 시책의 유효성을 유지하면서 화제를 부풀리는가' 하는 전략이다. 그렇게 하기 위해서도 역동적인 관점과 현실적인 관점 양쪽을 모두 갖추어야 한다.

솔루션의 실행

앞에서 유행이 된 '소셜 굿'이 지나치게 만연하여 불만이 터져 나왔다는 이야기를 했다. 큰 이유로는 '솔루션의 실행'이 결여되어 있었다는 점을 들 수 있다. 2012년경부터 난립한 소셜 굿 계열의 캠페인에는 이슈를 제시하는 것만으로 끝나는, 즉 '어떤 문제를 깨닫게 하는 것'만으로 끝나버린 것들이 적지 않았다. 이것은 현실적인 사람의 입장에서 볼 때 단순히 기분만 나쁘게 만든다. "이 지역은 강물 오염이 심각하다. 정말 문제다."라고 불만을 터뜨리면서 정작 자기 집 앞 청소는 하지 않는 사람을 좋아할 사람은 없을 것이다. 그런 사람이 되지 않으려면 솔루션을 제시할 수 있어야 한다. 이 '솔루션'의 사고방식이 진화한 것이 현재의 PR이다.

원래 상품 그 자체를 사회 과제의 솔루션이라고 자리매김시키는 것이 전략 PR의 발상이다. 갓난아기의 수면 문제에는 기저귀, 부부 싸움을 줄이는 데는 식기세척기라는 식으로, 대상이 되는 상품이 솔루션이 될 수 있는 '공공의 분위기'를 만든다. 인도의 아리엘도 방식은 같다. 이 발상 자체는 앞으로도 바뀌지 않겠지만 새로운 조류도 나타나고 있다. 그것은 솔루션 자체를 기업이나 브랜드가 만들어내는 방식이다.

최근의 예를 들면 자동차 회사 볼보가 영국에서 개발한 빛을 반사하는 스프레이 '라이프 페인트(Life Paint)'가 있다.

야간에 자동차의 헤드라이트 등이 비추면 하얗게 반사하는 스프레이다. 영국에서는 자전거를 이용하여 출퇴근하는 사람들이 급증하면서, 매년 1만 9천 명이 자전거 관련 사고를 당한다. 볼보는 이 문제를 해결하기 위해 스프레이를 개발했고, 런던의 자전거 상점을 중심으로 무료로 배포했다. 자전거 사고에 볼보의 자동차가 해결책이 될 수는 없다. 오히려 사고의 원인을 제공하는 쪽에 해당한다. 그러나 볼보는 '교통안전'이라는 공공의 문제에 대해 처음부터 솔루션을 만들어낸 것이다.

여기에서 중요한 것은 '공공의 과제'에 대한 솔루션이 제시되었다는 점이다. 그리고 상품 자체가 솔루션이 되도록 창출해냈다는 것, 즉 '솔루션 실행'을 했다는 점이다. 유언실행, 즉 자기가 한 말은 반드시 행동으로 옮긴다는 자세다. 세계 PR 업계에서 최근에 키워드로 등장한 것이 '오센티시티(authenticity)'라는 말이다. '정당성'이나 '확실성' '진정성' 등으로 번역되는 경우가 많다. 'PR에서의 진정성'이라고 설명하면 명확하게 이해하기 어려울 수도 있지만 나는 이것이야말로 '유언실행'의 뉘앙스를 담고 있다고 생각한다. 공공의 과제에 대한 해결책을 제시하고 실제로 실행한다. 왜 자기들이 해결하려 하는 것인지 분명하게 제시한다. 말뿐만이 아니라 행동을 해야 결과적으로 '진정성' 있는 PR이 된다.

왠지 PR의 범위를 벗어난 듯한 느낌이 들 수도 있지만 본래 PR은 기업 활동이나 비즈니스 모델과 떼려야 뗄 수 없는 관계에 놓여 있기 때문에 어정쩡한 대응은 오히려 리스크로 작용한다.

스웨덴인의 이상적인 주택

다음으로 소개할 것은 공적인 사회 과제를 다룬 것과 달리 '모두의 의견'을 사용한 새로운 형태의 공공 PR이다. 2016년 칸 라이언즈에서 금상을 거머쥔 사례다.

스웨덴에서 가장 인기 있는 부동산 사이트 '헴넷(Hemnet Home)'은 200만 명의 목소리를 반영한 '스웨덴인의 이상적인 주택'을 설계했다. 방법은 자사 사이트에 게재된 8만 6천 건의 매물에 대한 2억 회(!)의 클릭에서 추출한 빅데이터를 분석한 것이다. 프로젝트 이름은 'The House of Clicks(더 하우스 오브 클릭)'이다.

스웨덴의 인구는 약 1천만 명이기 때문에 200만 명이라는 수는 국민 20%의 목소리를 반영했다는 의미다. 이 데이터를 스웨덴의 저명한 건축가와 데이터 사이언티스트(Data Scientist)들이 해석하여 주택의 평균 사이즈나 가격 등 스웨덴인에게 가장 이상적인 주택을 발표한 것이다.

이 시도는 커다란 화제를 모아 "우리 스웨덴인에게 있어서 미래의 주택은 어떤 모습이어야 하는가?" 하는 텔레비전 토론 프로그램으로까지 발전했다. 건축이나 디자이너의 커뮤니티에서도 찬반양론이 일면서 빅데이터와 건축의 역할 등을 포함하여 다양한 토론들이 진행되었다. 이 PR은 해외, 특히 영어권에 불을 붙였는데, 이 주택이 마음에 든다면서 무려 600건이나 되는 주문이 들어왔다. 주택 가격은 277만 5천 크로나(Krone)이기 때문에 일본의 엔으로 환산하면 약 3,600만엔이 된다. 시장 규모로 환산하면 200억 엔 정도다. 그렇기 때문에 이 시책은 헴넷의 PR이기는 하지만 사실상 새로운 시장을 개발했다는 평가를 받고 있다.

이 사례는 실험적 요소가 강하고 빅데이터를 사용했지만 빅데이터라는 것만으로 요란을 떠는 마케팅 업계에 대한 안티테제(Antithese; 반정립)라고 말할 수도 있다. 빅데이터 그 자체에는 가치가 없고, 그것을 어떻게 활용하는가 하는 점에 시사하는 바가 있다.

PR이란 팩트(사실)와 데이터에 의미를 부여하는 일이다. 팩트나 데이터에 어떤 의미가 있고 그것을 어떻게 상품이나 브랜드로 만드는가 하는 것이 중요하다. 여기에서는 우선 빅데이터에 의미를 부여하고 거기에 스웨덴인으로서 선택해야 할 주택, 좀 더 포괄적으로는 라이프 스타일이라는 미래와 연결시키는 논의를 끌어들였다. 빅데이터를 사용한 PR의 좋은 예다.

새로운 공공의 출현
빅데이터로 스토리를 만든다

우여곡절은 있었지만 소셜 굿의 조류는 앞으로도 계속 이어질 것이다. '사회를 보다 바람직하게 만들기 위한' 탐구는 인간 사회의 보편적인 사고로서 테크놀로지나 인프라의 진화와는 별도의 차원에서 진행될 것이다. 한편 새로운 테크놀로지는 '공공'을 포착하는 방식에 커다란 영향을 미친다. 스웨덴의 사례를 통해서도 알 수 있듯이 그중 하나가 '소셜 굿'과 비슷한 시기부터 유행어가 된 '빅데이터'다.

생각해보면 빅데이터도 정의가 애매한 용어다. "기업은 빅데이터를 활용해야 한다."는 목소리에 이의를 제기하는 비즈니스인은 없을 것이다. 미국의 인터넷 데이터 센터인 IDC에 의하면 빅데이터의 총 용량은 2020년에 40제타바이트(44조 기가바이트)가 될 것이라고 한다. 이제 우리의 상상력을 훨씬 넘어서는 수준으로, 문자 그대로 엄청나게 거대해졌다.

초기의 빅데이터라는 말은 "막대한 데이터를 어떻게 처리해야 하는가?" 하는 고민에 잠겨 있는 기업을 대상으로 IT 벤더(vendor)들이 영업을 할 때에 사용하는 문구로 쓰였다. 그러나 이제 기업이나 조직의 관심은 (당연하지만) "그것을 어떻게 활용하는가?" 하는 쪽으로 옮겨갔다.

단, "빅데이터를 마케팅에 활용한다."고 하면 듣기는 좋지만 기존의 속성 조사나 행동 이력 모니터링의 발상을 뛰어넘을 수 없고 활용 사례도 부족한 것이 현실이다. 하물며 PR에 활용한다고 하면 훨씬 더 거리감이 느껴질 수 있다.

나는 여기에서 빅데이터는 새로운 공공의 출현이라고 주장하고 싶다. 빅데이터는 수많은 사람들의 사고방식이나 행동이 집적된 것이다. 빅데이터는 여론을 반영한다. 지금까지 매스컴이 담당해온 '공공'이 보다 직접적으로, 실시간으로 가시화되는 것이다. 그리고 전략 PR의 진수가 그렇듯 가시화된 공공으로부터 어떤 스토리를 만들어내는가 하는 것이 중요하다.

'투표 결과를 예측하는 데에 빅데이터를 활용한다'는 것은 이른바 설문 조사의 연장이다. 막대한 데이터를 바탕으로 정확한 행동을 예측할 수 있다. 그 영역은 앞으로 AI(인공지능)의 업무가 될 것이다. PR은 다르다. 막대한 데이터에서 하나의 스토리를 만들어내는 것이기 때문이다. 데이터를 해석하고 '의미를 부여'한다. 그것은 인간만이 할 수 있는 가치 있는 일이기도 하다.

공공의 요소를 활용하다

사회성을 담보하려면 스토리를 확대해나가야 한다. 이것

은 PR의 기본이다. 하지만 '자신(기업, 상품, 브랜드)'과 '공공'의 거리감이 중요하다. 너무 큰 이슈(사회 문제)는 위험하다. PR 전략을 세울 때에는 적정선이 매우 중요한데, 적정선을 지키려면 사회 문제 자체에서 접근하는 것보다 인도의 '세탁용 세제와 아버지의 가사'처럼 자신들의 필드를 출발점으로 하는 것이 더 좋다.

또 소셜 미디어 시대를 상징하는 이른바 '가짜 공공'에도 주의해야 한다. 인터넷이나 SNS에는 다양한 의견들이 넘치면서 '가짜 뉴스'도 빈번하게 등장한다. 그것이 사실인지, 정말 사회적인 규모인지, 인터넷에서만 돌아다니는 여론은 아닌지 등의 검증이 필요하다. PR을 기획할 때에는 실제로 신문 기자나 인터넷 뉴스 기자 등의 말을 직접 확인해보기를 권한다. 인터넷 리서치나 소셜 리스닝(social listening)만으로 판단해서는 안 된다.

우연의 요소

우연성을 연출하다

5장

사람은 우연에 이끌린다

크리스마스의 뉴욕. 선물을 구입하기 위한 손님들로 북적거리는 백화점에서 TV 프로듀서인 조나단과 영국인 여성 사라는 한 개밖에 남지 않은 검은색 캐시미어 장갑을 동시에 잡는다.

"아, 가져가세요. 저는 됐습니다."

"아니에요. 그쪽이 가져가세요."

자기도 모르게 미소를 짓는 두 사람. 며칠 후 그들은 다시 카페에서 재회한다. 운명을 느낀 두 사람이지만 서로 연인이 있는 상태였다.

"만약 이것이 진짜 운명이라면 틀림없이 다시 만날 수 있을 것입니다."

헤어질 때 지갑에서 5달러짜리 지폐를 꺼내 전화번호를 적는 조나단. 그 5달러를 눈앞의 매점에서 사용하면서 사라는 이렇게 말한다.

"세렌디피티(우연한 행운)의 힘을 믿어볼게요."

시간이 흘러 친구의 지갑 안에서 사라가 발견한 것은….

2001년에 공개된 미국의 로맨스 영화 <세렌디피티>의 줄거리다. 정말 로맨틱한 스토리라서 개인적으로도 마음에 드는 영화였다. 영화 속에서 조나단과 사라는 점차 서로에게 이끌리는데, 엉화를 보는 관객들도 그 자연스러운 끌림에 공감을 할 수밖에 없다. 물론 두 사람의 매력도 있지만 우리를 매료시키는 것은 있을 수 없는 일이 연속적으로 발생하는 '우연성' 그 자체다. 그것이 이 영화를 최고의 로맨틱 코미디로 완성하는 요소다.

우리는 우연에 이끌린다. 한정되어 있는 인생에서는 만나는 사람이나 정보도 한정된다. 하지만 무엇이 자신에게 의미 있는 것인지 알 수 없기 때문에 '만남의 방식' 자체에서 의미를 찾기도 한다.

'뜻밖의 발견'이라고도 번역되는 세렌디피티는 무언가를 찾고 있을 때 찾으려던 것과는 다른 가치가 있는 것을 발견하는 능력이다. 사람은 그런 능력이 자신에게 갖추어져 있다고 믿고 싶어 하며 세렌디피티의 결과라고 믿은 대상에게 가치를 부여한다. 광고나 PR 콘텐츠도 마찬가지다. 자연스러운 형태로 만난(그렇다고 생각하는) 콘텐츠, 우연히 발견한(그렇다고 생각하는) 콘텐츠, 여기에 가치를 부여한다.

그 반대가 '내가 타깃이 되어 있다는 느낌'이다. 이제 행동 타깃팅(behavioral targeting) 기술은 비약적으로 진화를 거듭하여 열람 페이지나 검색 키워드의 이력 등에서 행동을 앞서가고 있다. 예를 들어 여행 사이트를 열람하거나 '스키', '홋카이도'라는 키워드로 검색을 하고 나면 마구잡이로 항공권 사이트 광고가 뜨거나 스마트폰의 GPS 기능을 켜두면 지역 맨션의 광고가 끊임없이 나타나는 것 등이다.

따라서 "이 정보를 우연히 만난 데에는 의미가 있다."고 생각할 수 있는 우연성의 연출이 더 중요해지는 것이다. 이것이 전략 PR의 두 번째 요소인 '우연'이다.

전략 PR에 기대하는 한 가지 역할로 '자연스러운 형식으로 조류를 만든다'는 것이 있다. "이건 어때?" 하는 식으로 일방적으로 광고 캠페인을 벌이는 것이 아니라 보다 자연스러운 형식으로 소비자와 사회에 다가간다. 그것은 세상에 존재하는 수많은 '우연'을 의도적으로 만들어내는 것이다. 그래서 우연이라는 느낌이 드는 콘텐츠나 원하는 쪽으로 유도하는 설계의 노하우가 필요하다.

이 방식은 기업들이 스스로 '보도 관점'을 가지고 소비자에게 가치 있는 정보를 보내는 요즘의 브랜드 저널리즘(brand journalism)이나 '팔기 위한' 정보가 아니라 소비자의 관심에 맞추어 유익한 정보를 제공하는 콘텐츠 마케팅(contents marketing)과도 통하는 것으로, 콘텐츠 개발 방식으로서 앞으로 더욱 중요한 의미를 가진다.

우연의 효과

"보면 볼수록 좋아진다."는 말이 있다. 단순한 접촉에 의한 자극이 증가할수록 대상에 대한 친근감이 높아진다는 의

미로, 1968년에 저명한 심리학자 로버트 자이언스(Robert Zajonc)가 제창했다. 자이언스는 오리건 대학에서 검은 봉투를 온몸에 뒤집어쓴 학생을 두 달 동안 수업에 출석시켜 주변 학생들의 반응을 보는 엉뚱한 실험을 했다. 그 결과 처음에는 대부분 반감을 보였지만(당연하다!) 점차 '검은 봉투를 뒤집어쓴 학생'에게 우호적으로 변했고, 마지막에는 그를 보호해주는 행동을 보여주었다고 한다.

자이언스의 논문 <단순 접촉의 태도에서의 효과>는 커다란 반향을 일으켰고, 당연히 당시의 광고 업계에도 영향을 끼쳤다. 그 후 제기된 '스리 히트 이론(Three Hits Theory; 광고의 노출 빈도는 세 번째가 되어야 일정한 효과를 얻는다는 이론)'이나 '세븐 히트 이론(Seven Hits Theory; 소비자가 광고를 일곱 번 접촉하면 상점에서 그 제품을 선택할 확률이 높아진다는 이론)'은 모두 광고 접촉 횟수와 구매 행동의 관계를 설명한 것인데, 자이언스의 이론이 그 원류라고 말할 수 있다.

하지만 세상은 그렇게 단순하지 않다. 단순하게 접촉하는 횟수만으로 호감을 얻을 수 있다면 걱정할 필요가 없다. 마음에 드는 여성의 SNS 글에 '좋아요'를 누르거나 "그 음식점 주인과는 아는 사이예요."라는 식으로 하나하나 코멘트를 다는 아저씨를 생각하면 이해하기 쉬울 것이다. 대부분 성가신 스토커 취급을 받는 경우가 많으며 그런 단순 접촉이 증가할수록 반감을 불러일으킬 뿐이다. 오히려 역효과를 낳을 수 있다.

이것이 잭 브렘(Jack W. Brehm)이 제기한 '심리적 유도 저항(Psychological Reactance) 이론'이다. 사람은 기본적으로 자유를 추구하며 태도나 행동의 구속을 싫어한다. 그것이 위협을 받으면 심리적인 저항이 발생하고, 거기에서 벗어나기 위해 굳이 반발적 행동을 취한다. 이것은 '부메랑 효과'라고도 불린다. "숙제해!"라는 말을 들으면 들을수록 "싫어!"라고 반발하는 것이 좋은 예다. '심리적 유도 저항 이론'에 의하면 광고를 통한 지나친 추천은 역효과와 연결된다. 어쨌든 '의도가 빤히 들여다보이는 설득을 자주 접촉하는 것'은 부정적인 결과만 낳을 뿐이며, 그것과 반대쪽에 위치하여 효과를 내는 것이 이번 장에서 말하는 '우연'이다.

나는 PR에서의 '우연의 효과'를 여기에서 더욱 강조하고 싶다. 그것은 같은 사람이나 정보라고 해도 우연성을 동반한 접촉과 그렇지 않은 접촉은 상대방의 수용성에 큰 차이가 있기 때문이다.

재미있는 연구 결과를 소개해보자. 마이애미 대학의 심리학자 수잔 아벨(Susan Abel) 교수가 대학생 135커플을 대상으로 실시한 실험이다. 각 커플은 붉은색과 파란색 버튼이 부착되어 있는 장치 앞에서 둘 중의 하나를 동시에 누른다. 그렇게 해서 남녀 모두 같은 색깔의 버튼을 누른 횟수를 센다 (상상을 해보면 왠지 가슴이 두근거린다).

그런데 사실 이 실험은 실제로 누른 버튼과는 관계없이 '일치할 확률이 80%인 커플'과 '일치할 확률이 20%인 커플'

이 미리 설정되어 있었다. 흥미 있는 점은 '또 같은 상대와 커플을 이루고 싶다'고 대답한 커플이 '일치할 확률이 80%인 커플'은 70%에 이르렀지만 '일치할 확률이 20%인 커플'은 60%에 미치지 못했다는 것이다. 그야말로 '우연의 효과'를 잘 보여주는 실험이다.

왜 유기견에게 자동차 운전을 시켰을까

2012년 전 세계 사람들은 인터넷상에서 '우연히' 어떤 충격적인 영상을 보게 되었다. 개가 자동차를 운전하는 동영상이었다. SPCA는 들개나 유기견을 보호하고 주인을 찾아주는 일을 하는 뉴질랜드의 NGO 단체다. SPCA에는 고민이 있었다. 유기견의 주인을 찾기가 쉽지 않다는 것이다. 그래서 조사를 해보았더니 뉴질랜드에서는 유기견 보호소에 있는 유기견은 더럽고 머리도 나빠 보인다는 인식 때문에 사람들이 기피한다는 결과가 나왔다. 그 때문에 새로운 주인이 나타나지 않는 것이었다. 덧붙여 자동차 브랜드 MINI가 이 단체의 스폰서였지만 유감스럽게도 그 사실도 전혀 알려지지 않은 상황이었다.

이대로 가면 유기견은 새로운 주인을 만나기는커녕 스폰서마저 떠나버릴 가능성이 있었다. 그런 위기감에서 SPCA는 결단을 내리고 PR을 실시하게 되었다.

PR 회사로부터 들어온 제안은 "유기견이 자동차 운전을 한다면 사람들이 이곳의 유기견은 머리가 좋다고 생각하지 않겠습니까?" 하는 황당한 아이디어였다. 여러 사람이 의견을 내는 과정에서 우연히 나온 아이디어였다. 하지만 이 정도의 임팩트가 없으면 세상의 주목을 받을 수 없다는 생각에 SPCA는 이 아이디어를 과감하게 받아들였다.

처음으로 실시한 것은 뉴질랜드에서 굴지의 동물 조련 전문가 네 명과 계약을 하고 선발된 유기견 세 마리에게 8주 동안 운전 기술을 가르치는 것이었다. 동물 학대라는 오해를 받지 않도록 전문가들에게 훈련을 의뢰한 것이다. 사실 뉴질랜드에서는 영화를 많이 제작하기 때문에 영화나 TV에 출연하는 동물을 훈련하는 동물 프로덕션이 많다. SPCA는 스폰서인 MINI의 자동차를 유기견용으로 개조하고, 8주 동안의 특별 훈련 과정을 유튜브에 올렸다. "응? 개가 자동차를 운전한다고?" 동영상은 당연히 화제가 되었고 점차 사람들에게 알려졌다.

유기견 운전 훈련 동영상이 확산되자 그와 병행하여 PR 회사는 뉴질랜드, 호주 권역의 TV 프로그램에 손을 내밀었다. 마침내 운명의 8주 후, 뉴질랜드의 인기 뉴스 와이드 쇼에서 유기견이 운전하는 모습을 중계했다. 운전은 대성공이었다. 방송 이후 유기견 보호소에는 유기견을 데려가겠다는 문의가 쇄도했고, 엄청난 수의 유기견들이 분양되었다. 또 이

전에는 호감을 얻지 못했던 유기견 보호소에 대한 인식이 호전되면서 MINI가 스폰서라는 사실도 많은 사람들이 알게 되었다.

유기견에게 자동차 운전을 시킨다! 이 아이디어가 번뜩인 순간, 이 '운전하는 유기견' 캠페인은 성공했다고 말할 수 있다. 우선 콘텐츠로서의 임팩트가 강렬하고 열심히 훈련을 받는 유기견에 대한 애착도 생긴다. 나아가 이 프로젝트의 목적을 사람들이 이해할 수 있다면 PR의 목적은 달성한 것과 같다. 설사 운전을 제대로 하지 못한다고 해도 "자동차도 제대로 운전할 줄 모른다니 역시 유기견 보호소의 유기견들은 머리가 나빠."라고 생각하는 사람은 없을 테니까.

동영상과 분산형 미디어

'우연의 연출'에서 중요한 것은 어디에서 어떤 정보를 만나는가 하는 것이다. 즉, 콘텐츠를 만드는 방식과 유통하는 방식이 모두 중요하다. 예를 들어 우연이라는 느낌이 드는 콘텐츠를 '우연한 콘텐츠'라고 하자. '운전하는 유기견' 사례에서는 '뭔지는 모르지만 유기견이 자동차를 운전하는 동영상'이 '우연한 콘텐츠'가 된다. 이 성공 사례가 보여주듯 현시점에서 가장 강력한 '우연한 콘텐츠'의 형태는 동영상이다.

그리고 '우연한 콘텐츠'의 주 전쟁터는 소셜 미디어다.

동영상 콘텐츠 분야는 크게 신장하고 있다. 2016년 2월 일본 총무성에서 실시한 조사(IoT 시대의 새로운 ICT에 대한 각국 유저들의 의식 분석 등에 관한 조사 연구)에서는 스마트폰에서의 유튜브 이용률이 74.5%에 이른다. 미국, 영국, 독일, 한국에서도 이용률은 60~70%나 된다.

콘텐츠 포맷으로서의 동영상의 장점은 다양하다. 비주얼적인 임팩트가 크고, 스토리텔링이 가능하고, 언어의 장벽을 초월할 수 있다. 모두 중요한 포인트이지만 '우연한 콘텐츠'라는 관점에서 볼 때 가장 중요한 포인트는 소셜 미디어상에 '공급'하기 쉬운 형태라는 점이다.

같은 이성을 만난다고 해도 가능하면 결혼 상담소가 아닌 평범한 일상에서 만나고 싶어 한다. 친목을 위한 모임을 비롯하여 결혼과 연관된 활동은 매우 다양해졌고 가치관도 많이 바뀌었지만 아직도 사람들은 평범한 일상에서의 우연한 만남을 더 원한다. 그와 마찬가지로 콘텐츠에서의 '우연'은 콘텐츠 자체를 '결혼 상담소(특정 미디어)'가 아니라 '평범한 일상(소셜 미디어)'에 해방시키는 것으로 시작된다.

여기에서의 포인트는 '분산형 미디어'라는 것이다. 분산형 미디어는 자신의 사이트뿐 아니라 페이스북이나 트위터 등의 소셜 미디어를 유통 채널로 삼아 콘텐츠를 독자들에게 전달한다는 발상과 구조를 가지고 있는 미디어다.

2016년부터 일본에도 진출한 버즈피드(BuzzFeed; 뉴스 및 엔터테인먼트 웹사이트)가 분산형 미디어의 대표 격으로 알려져 있다. 버즈피드의 CEO인 요나 페레티(Jonah Peretti)는 "소셜 미디어에는 정보의 링크가 아니라 콘텐츠 그 자체를 흘려보내야 한다."고 밝혔다. 소셜 미디어가 일상으로 깊이 침투한 요즘 상황에서 이는 매우 논리에 맞는 사고방식이다. 동영상 콘텐츠와의 궁합이 좋다는 것도 특징이다.

지금까지 디지털 미디어의 고민은 "자신의 사이트에 어느 정도나 유입시킬 수 있는가, 그리고 자신의 사이트의 PV(Page View)를 올릴 수 있는가?"였다. 그래서 필사적으로 웹사이트를 검색 결과 화면의 상위에 노출하는 SEO(Search Engine Optimization; 검색 엔진 최적화)를 위한 대책을 강구했고, 소셜 미디어도 처음에는 '고객을 끌어들이는 새로운 통로' 정도로 인식되었다. 하지만 이제 그 발상은 역전되고 있다. 실제로 검색을 통한 버즈피드 사이트 유입률은 불과 2%일 뿐이며, 반대로 소셜 미디어에서의 월간 CV(contents view)는 세계에서 70억 회에 이르고 있다. 이것이 분산형 미디어가 새로운 미디어 형태로 주목을 받는 이유다.

이야기가 미디어 쪽으로 흘렀지만 중요한 것은 콘텐츠에 '다다르게 한다'는 지금까지의 발상에서 콘텐츠 쪽에서 '만나러 간다'는 발상으로 전환되고 있다는 사실이다. 이런 조류는 '우연'의 확대와 연결될 것이다. 분산형 미디어의 대두는 우연의 빈도를 높여준다.

Stop the Wedding

'우연'을 적절하게 사용한 사례를 또 하나 소개해보자.

몇몇 나라의 아동 강제 결혼에 대한 관심을 촉구할 목적으로 노르웨이의 국제 NGO 단체인 플랜 노르웨이(Plan Norway)가 PR로 'Stop the Wedding'을 내보냈다. 2015년 'PR 업계의 칸'이라고 불리는 세이버 어워드(SABRE Awards)에서 최우수상을 수상한 PR이다.

2014년의 어느 날, 노르웨이의 열두 살 소녀 테어가 자신의 블로그에 이런 내용을 올리면서 사람들의 관심을 불러일으킨다. "저는 이번에 서른일곱 살 남성과 결혼할 거예요." 처음에는 들뜬 분위기가 느껴지는 내용이었지만 점차 내용이 불안해진다. "저, 정말 괜찮을까요?" 너무 어린 나이에 결혼을 한다는 데에 날이 갈수록 불안감을 드러내는 테어. 내용이 내용인 만큼 "혹시 그 블로그 봤어?"라는 식으로 그녀의 블로그는 사람들 사이에 서서히 화제가 되었다.

애당초 노르웨이에서는 열두 살에 결혼을 할 수는 없다. 이 정보를 접한 사람들이 증가하면서 테어의 블로그가 알려짐에 따라 그 충격적인 내용에 놀라 경찰과 아동보호센터에 신고를 하는 사람도 나타났다. 그 시점에서 사실 이것은 플랜 노르웨이와 PR 회사가 만든 아동 강제 결혼 반대 캠페인이라는 사실이 밝혀졌다.

그러나 이 블로그는 이미 소셜 미디어와 보도를 통하여 전 세계에 화제가 되었다. 이것을 계기로 전 세계에서는 매일 3만 9천 명이나 되는 여자아이들이 강제로 결혼을 하고 있다는 문제가 부각되었고 뜨거운 논란이 일었다. 한번 불이 붙은 이 캠페인은 클라이맥스인 '결혼식 이벤트'에서 최고조에 이른다. 아동 강제 결혼에 반대하는 400명의 사람들이 지켜보는 가운데 테어는 결연히 결혼을 거부한다. "영원히 사랑할 것을 맹세합니까?" "아니요!" 그 순간 결혼식장이 떠나갈 듯한 박수갈채가 터져 나온다. 이 결혼식 동영상 자체도 우연한 콘텐츠로서의 기능을 담당했다.

노르웨이에서의 이 캠페인의 인지도는 82%에 달했다. NGO 단체에 후원을 하겠다는 기업이 쇄도하여 노르웨이 수상까지도 입장을 발표했다. 덧붙여 노르웨이에서는 15년 만에 인권 백서가 발표되는 등 'Stop the Wedding(노르웨이어로는 Stopp Bryllupet)'은 국가도 움직일 정도의 행동 변화를 일으켰다.

그야말로 아슬아슬하고 절묘한 균형을 맞추어 설계하고 실행한 캠페인이다. 자칫 사실로 오해하고 커다란 반발이 일어날 수 있는 절묘한 타이밍에 조작이라는 사실을 알려 균형을 유지하면서 주요 목적인 아동 강제 결혼 문제를 쟁점화하여 클라이맥스인 결혼식 이벤트에서 주목을 모아 마무리를 짓는다.

이 캠페인은 전 세계 250만 명이 블로그 글을 읽었고, 3천만 명이 트위터에 메시지를 남겼으며, 440만 명이 유튜브를 통하여 결혼식 이벤트를 지켜보았다. 즉, 세계를 상대로 거대한 '낚시'를 해서 성공을 거둔 것이다! 그러나 테어의 블로그에서 화제나 뉴스가 될 '입구'를 만들고 마지막 결혼식 이벤트에 이르기까지 세밀하게 설계한 뒤에 아동 강제 결혼 박멸이라는 목적으로의 합의 형성을 이루어낸 흐름을 생각하면 매우 전략적인 PR이다.

포켓몬 GO와 러닝 붐
현실적인 우연의 축적이 만드는 움직임

전 세계적인 신드롬을 일으킨 '포켓몬 GO(Pokémon GO)'. 2016년 7월에 서비스가 시작된 미국에서는 그 직후에 2,500만 명의 데일리 액티브 유저(DAU. Daily Active User; 1일 이용자 수)를 확보했다. 이 현상에 의해 미국에서는 세 가지의 중요한 사회적 영향이 있었다.

하나는 '공공장소(public place)와 지역 산업(local business)'의 활성이다. 미국에서도 공공시설이나 지역 산업의 활성화는 하나의 사회 과제였는데, 포켓몬 GO에 의한 집객 효과가 절대적이었다.

두 번째가 '공동체 의식(sense of community)'의 촉진이다.

미국인은 낯가림은 하지 않을 것이라고 생각할지 모르지만 현대 미국은 소수자 집단(minority) 등 다양성에 관한 문제를 끌어안고 있다. 특히 젊은 세대에게 있어서 모르는 사람과 "하이!" 하고 인사를 나누는 풍조는 이제 찾아보기 어렵게 되었다.

세 번째로 '피트니스(fitness; 건강)'의 증대다. 활동량을 측정할 수 있는 '조본(Jawbone)'의 계측기를 착용한 유저들을 대상으로 조사한 결과에 따르면, 포켓몬 GO 게임을 하는 사람은 평균보다 무려 65.2%나 더 걸었다고 한다. 일본에서도 비슷한 영향이 보고되었다.

여기에서 한 가지 마음에 걸리는 것이 과연 거기에 PR 장치가 있는가 하는 점이다. 미국적인, 전략적이면서 강렬한 PR 대작전이 존재하는 것일까? 유감스럽게도 대답은 그렇지 않다는 것이다. 포켓몬 GO가 데뷔할 때에는 개발자인 미국의 나이언틱(Niantic)과 주식회사 포켓몬(Pokémon)에 의해 최소한의 PR 활동이 이루어졌을 뿐이다. 그 후의 사회현상은 유저들의 입소문과 보도를 통하여 만들어졌다.

하지만 우연의 요소는 여기에도 기여하고 있다. 더구나 그것은 소셜 미디어상에서 동영상 콘텐츠를 만나는 것과는 달리 현실적인 세상에서 포켓몬 GO의 유저들을 우연히 만난다는, 이른바 '현실적인 우연'이다.

AR(확장현실)과 야외 활동의 융합인 포켓몬 GO는 공원이나 거리 등의 현실 세계에 유저를 '출현'시켰다. 그것은 유저가 아닌 사람들의 입장에서는 자신의 생활 반경에서의 '우연'이며 해당 콘텐츠와의 만남이 된다. 그런 '목격 체험'이 중첩되면서 참가자들이 증가하고, 그것이 또 다른 목격 체험을 낳고 증폭시켜간다. 이런 확대가 사회적인 동조 행동 수준까지 이르렀을 때 그것은 일종의 '붐'이나 '사회적 움직임'이 된다. '입소문을 통해 확대된 것'이라고 말한다면 그것도 틀린 말은 아니지만 그 배후에는 이런 구조가 확실히 존재한다.

'현실적인 우연'의 효과는 일본의 러닝 붐에서도 찾아볼 수 있다. 현재 일본의 러닝 인구는 천만 명을 돌파한다. 원래 있었던 마라톤 붐에 불을 붙인 것이 2007년부터 시작된 도쿄 마라톤이라고 알려져 있다. 참가 신청을 해서 당첨될 확률은 10 대 1이었다. 3만 명의 러너와 170만 명의 관중을 동원하는 거대한 이벤트였다. 2012년에 이르러서는 국민의 9.7%가 "지난 1년 동안 조깅이나 러닝을 했다."고 대답했다. 이 움직임에도 나는 포켓몬 GO와 비슷한 구조가 존재한다고 생각한다. 러너라는 유저의 가시화와 그에 대한 목격 체험이다. 자신의 생활 영역에서 달리는 러너를 우연히 만나는 체험은 "다들 열심히 운동하고 있네."라는 분위기를 만들게 되고, "나도 시작해볼까?" 하는 행동 변화를 촉진한다.

이렇듯 우연의 요소는 인터넷상의 콘텐츠에만 해당하는 것이 아니다. 현실 세계에서 발생하는 다양한 현상과도 관계가 있다.

우연의 요소를 활용하다

우연성을 연출하는 첫걸음은 콘텐츠 기획에 있다. 예를 들어 동영상이라면 논픽션 요소를 강화하거나 상품의 메시지를 얼마나 올리는가 하는 것이다. 그 콘텐츠가 세상에 나왔을 때를 상상해보면 된다. 콘텐츠가 소셜 미디어의 바다를 헤엄쳐 다니다가 타깃의 눈에 띌 수 있는가? 그때 그 접촉은 우연처럼 보이는가? 담당자인 여러분 자신이 '우연히' 만날 수 있는 정도가 이상적이다.

이것은 이제 광고나 PR의 콘텐츠 이야기가 아니다. '받아들이기 쉽다'는 의미에서는 콘텐츠 마케팅이나 네이티브 광고(Native Ad; 콘텐츠 같은 광고)의 발상과 밀접하다. 바꾸어 말하면 여러분이 기획한 콘텐츠가 '성가신 스토커'로 치부될 수도 있다는 것이다. 따라서 효율성만 중시한 광고 기획이나 미디어 기획을 '우연인가, 스토커인가' 하는 관점으로 재조명해보는 것도 좋다. 괜찮을 거라는 판단으로 세상에 내보낸 콘텐츠가 브랜드를 훼손하거나 구매 행동을 저해하는 것은 아닐지 그 리스크를 생각해보는 것은 매우 중요하다.

보증의 요소

신뢰성을 확보하다

6장

쇼군과 인스타그래머

- 에도 시대: 드디어 쇼군(將軍)의 수결(手決)을 받았어. 이제 우리 영토도 당분간은 걱정하지 않아도 돼. 위에서 '보증'을 해주었으니까.
- 현대: 드디어 확답을 받았어. 역시 틀리지 않은 최고의 선택이야. 인스타그래머 YU가 '보증'을 해주는 것은 믿을 만해.

시대는 바뀌었지만 사람들은 '보증'을 원한다. 권위 있는 존재나 자기 판단의 한계는 근대사회 이후 어느 시대에나 있었던 보편적인 것이다. '보증'의 유래는 '수결(서명)'에 있다. 수결은 '보증'한다는 증명서 같은 것이다. 이와 비슷한 의미를 지닌 영어의 '엔도스먼트(endorsement)'도 원래 어원은 '어음 뒷면의 서명'이다. 어쨌든 보증이란 제삼자의 지지나 추천을 받는 것이다. 그리고 보증을 해주는 사람이 '인플루언서'다. '사람들에게 영향을 끼치는 개인' 등으로 번역된다. 쇼군도 인스타그래머도 어떤 문제에 관하여 보증을 해주는 존재라면 PR에서는 인플루언서다.

세계 최대의 화장품 회사 로레알(L'Oréal)은 인플루언서 15명과 연간 계약을 체결한 '로레알 리그'를 2016년에 설립했다. 영향력 있는 패션 블로거인 패리 에산(Pari Ehsan), 미스 유니버스 출신의 올리비아 컬포(Olivia Culpo) 등의 멤버는 매년 브랜드의 콘텐츠 작성이나 SNS, 이벤트 참가 등의 활동을 한다. 세계 최고 수준에서 화려한 '보증'을 해주는 것이다.

이 책의 앞부분에서도 설명했듯 우리는 정보가 넘치는 시대에 살고 있다. 그런 한편 소비자 각자의 가치관이나 기호는 지금까지와 달리 매우 다양해졌다. 이런 시대이기 때문에 사람들은 누군가의 보증을 원한다. 소비자의 정보 선택이나 행동 변화에 있어서 인플루언서가 담당하는 역할은 더욱 중요해졌다. 이것이 세 번째 요소인 '보증'이다.

지난 몇 년 동안 마케팅에서 '인플루언서'라는 개념이 꽤 일반화되었지만 그와 동시에 다양해지기도 했다. 여러 전문가나 유명인, 그리고 블로거, 유튜버, 인스타그래머 등의 디지털 인플루언서의 변천은 끝이 없다. 이번 장에서는 전략 PR의 관점에서 인플루언서의 역할을 크게 '사실 보증'과 '공감 보증'으로 정리해서 이야기를 할 예정이다.

삼성의 자폐증 아동용 애플리케이션

우선 정통파 보증 요소를 이용한 한국 삼성의 자폐증 아동을 위한 애플리케이션 'LOOK AT ME'의 사례를 소개해보자. 이것은 2015년의 스파이크스 아시아(Spikes Asia; 아시아

최대 광고제)에서 대상을 차지한 PR 사례다.

미국 질병예방관리센터(CDC)의 조사에 의하면 자폐증을 앓고 있는 아동은 68명 중에 한 명 정도라고 한다. 언어 발달이 늦거나 극도의 집착 등의 특징 외에 주변과의 교류가 어려운 증상이 있다. 상대방의 기분을 이해하지 못하며 잘 웃지 않는다. 그리고 다른 사람과 눈을 맞추지 않는다. 상대방이 설사 어머니라고 해도 마찬가지다.

한편 자폐증을 가진 아동은 스마트폰이나 태블릿 PC 등의 디지털 디바이스에는 흥미를 보인다는 연구 결과가 있다. 그래서 삼성은 자사의 기술력을 활용하여 눈을 맞추면서 상대방과 대화하는 방법을 익히는 데에 도움을 줄 수 있는 상호작용 카메라 애플리케이션(Interactive Camera Application)을 개발했다. 이 애플리케이션 개발 프로젝트에는 서울대학교 부속병원과 연세대학교 임상심리대학원 소속의 자폐증이나 심리학 분야의 전문가들이 참여했는데, 완성된 애플리케이션을 사용하여 20명의 자폐증 아동을 대상으로 8주 동안 실험을 한 결과, 피실험자의 60%가 눈 맞춤(eye contact)이 개선되는 효과를 보였고, 40%는 감정 표현이 개선되는 결과를 보였다. 이 실험 결과는 공개적으로도 발표되었다. 완성된 애플리케이션은 처음에 한국과 캐나다에서 공개되어 안드로이드 OS 교육 카테고리에서 순식간에 1위를 차지했다. 그 후 공개된 영국과 북미, 브라질 등에서도 5위 안에 들었고 그 자체가 크게 보도되었다.

이 사례는 PR에서 중요한 연결성(connectivity), 즉 제삼자의 연결과 보증이 매우 적절하게 진행되었다고 말할 수 있다. 예를 들어 이 애플리케이션을 삼성이 다른 애플리케이션과 마찬가지로 독자적으로 개발하여 "이것은 자폐증 개선에 효과가 있다."고 공개했다면 성공을 거두기 어려웠을 것이다. 헬스 케어 분야에서는 전문가를 끌어들이지 않으면 신뢰를 얻을 수 없기 때문이다.

'LOOK AT ME'는 인플루언서이기도 한 자폐증 전문의의 '보증'을 얻으면서 상호작용 애플리케이션이라는 서비스를 공개한 매우 현대적인 PR 기법이다.

사실 보증과 공감 보증

인플루언서가 담당하는 것은 제삼자의 보증(추천), 지지 행위다. 그러나 그 역할을 더 분해하면 크게 '사실 보증'과 '공감 보증' 영역으로 나눌 수 있다.(표 3)

'사실 보증'은 전문 분야의 실증을 통해 나타나는 경우가 많다. 이쪽의 인플루언서는 주로 특정 영역의 전문가나 숙련자들이며, 앞 사례에서의 자폐증 전문가가 이에 해당한다. 쉽게 말해 "그 사람 말이라면 틀림없다."라는 보증이다.

한편 '공감 보증'은 심리적인 지지 효과를 노리는 것이다.

"그 사람의 말이라면 마음이 끌린다."는 보증으로, 이쪽의 인플루언서로는 유명 인사나 유튜버, 최근에는 인스타그래머가 해당할 것이다.

이처럼 PR에서 사실 보증 계통의 인플루언서는 콘텐츠의 신빙성을 높여주고 공감 보증 계통의 인플루언서는 발신의 영향력을 높인다. 물론 두 가지가 완전히 독립적으로만 역할을 하는 것은 아니다. 한 명의 인플루언서가 쌍방의 역할을 담당하는 경우도 있다. 이해하기 쉬운 예를 들자면, 유명한 피부과 여성 전문의는 사실 보증의 인플루언서이면서 공감 보증의 인플루언서도 겸한다. 또 영양학에 대한 전문성을 갖춘 주부 모델은 공감 보증의 인플루언서이면서 사실 보증의 인플루언서도 겸한다.

다음으로 알아두어야 하는 것이 공감 보증 계통 인플루언서의 영향력에 관해서다. 소셜 미디어의 진화에 발맞추듯 인플루언서 또한 다양해졌다. 블로그, 트위터, 유튜브, 인스타그램 등 발신 미디어에 따라 정리를 할 수도 있지만 현시점에서는 그보다 인플루언서의 '영향 규모'로 이해해두는 것이 낫다. 표 4는 '영향 규모＝팔로워 수'로 인플루언서를 구분한 내용이다.

'슈퍼 인플루언서'는 팔로워 수가 100만 명 이상인 수준이다. 예를 들어 인스타그램의 슈퍼 인플루언서로는 가수 셀레나 고메즈(Selena Marie Gomez; 약 1억 팔로워), 배우 제시카 알바(Jessica Marie Alba; 약 980만 팔로워), 일본에서는 탤런트 와

사실 공감의 인플루언서	공감 보증의 인플루언서
"그 사람 말이라면 틀림없다."	"그 사람의 말이라면 마음이 끌린다."
전문 분야에서의 실증이 목표	심리적인 팔로우 효과가 목표
특정 영역의 전문가나 숙련자	유명인이나 유튜버, 인스타그래머

표 3. 두 종류의 인플루언서

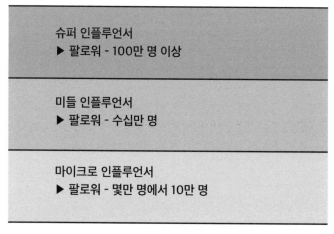

표 4. 인플루언서의 구분과 팔로워 수

타나베 나오미(渡辺直美; 약 590만 팔로워) 등이 있다.

'마이크로 인플루언서'는 팔로워 수가 몇만 명에서 10만 명에 이르는 수준이다. 일본에서는 모델 고누마 미즈키(小沼瑞季; 약 6만 2천 팔로워), 헤어디자이너 기무라 나오토(木村直人; 약 4만 1천 팔로워) 등이 여기에 해당한다.

그 중간에 존재하는 것이 팔로워 수가 수십만 명인 '미들 인플루언서'다. 일본에는 오와라이게이닝 오리엔탈 라디오(お笑い藝人 Oriental Radio)의 후지모리 신고(藤森慎吾; 약 59만 팔로워), 푸드코디네이터 야마자키 게이(山崎佳; 약 60만 팔로워) 등이 있다.

물론 '영향력'이라는 것은 종합적인 내용이기 때문에 단순히 팔로워 수만으로 판단하는 것은 본질이 아니다. 다루는 콘텐츠의 신선함이나 분야 등에 따라 그 규모의 확대나 확산의 양상도 달라진다. 하지만 팔로워 수를 대신할 수 있는 일차적인 지표가 없기 때문에 미디어의 발행 부수나 도달률과 마찬가지로 판단 기준의 지표로 삼을 수는 있다.

30명의 인플루언서를 채용한 유니클로

다음으로 공감 보증의 인플루언서를 활용한 사례를 소개해보자. 유니클로의 'UT'는 같은 브랜드의 티셔츠 라인업 제품으로 지명도가 높다. 그러나 최근에는 그 퀄리티를 어떻게 전달할 것인가 하는 과제도 있었다. 1,200종류나 되는 티셔츠는 일러스트나 문자뿐 아니라 사이즈나 형태까지 섬세하게 디자인되어 있다. 소재의 품질도 높다. 그럼에도 불구하고 "어차피 비슷한 형태니까.", "퀄리티는 다 비슷비슷하니까."라는 이미지가 강하다. 소비자의 이런 오해를 불식하고 새로운 관계를 구축하여 UT 카테고리의 매상을 올리기 위해 유니클로는 지금까지와는 다른 접근 방법을 모색했다.

유니클로가 기획한 것은 'UT Picks'라는 이름의 참신한 캠페인이다. 캐치카피는 "그 사람이 선택하는 당신의 UT."였다. 이 새로운 캠페인의 포인트는 크게 두 가지다. 하나는 서브스크립션(subscription; 정기구독) 모델의 도입이다. 그리고 또 하나는 '피커(Picker)'라고 불리는 공감 보증 계통의 인플루언서를 30명 채용한 것이다.

유저는 자신의 마음에 드는 피커를 선택할 뿐이다. 그러면 한 달에 990엔의 정액제로, 매달 한 장의 티셔츠가 5개월 동안 배달된다. 이 티셔츠는 피커가 각자의 센스나 관점으로 선택한 것이며, 결과적으로 유저는 UT의 디자인성이나 높은 퀄리티를 알게 된다.

UT의 브랜드 가치를 손상하지 않으면서 '보증'을 최대화하기 위해 피커는 다양한 영역에서 신중하게 모집했다. 개그맨 콤비 피스의 마타요시 나오키(又吉直樹), 아야베 유지(綾部祐二)나 모델 미치바타 제시카(道端ジェシカ) 등의 유명인은 팬도 많기 때문에 큰 PR 효과를 기대할 수 있다. 대중문화 계통에서는 뮤지션 시시도 카프카(Shishido Kavka)나 디제이 캐시디(DJ Cassidy) 등이 참가했다. 유튜버 하지메 샤쵸(はじめしゃちょー)나 작가 하츄(はあちゅう) 등 인터넷상에서 영향력이 높은 피커도 채용했다. 이렇게 해서 패션 영역에 한정되지 않은 다양한 인플루언서 집단이 형성되었다.

2016년 4월 'UT Picks' 캠페인이 시작됐다. 유명 피커들도 무대에 등장한 발표회에는 64개의 미디어 매체가 참석하여 기사로 크게 보도했다.(자료 2) 참가한 인플루언서들의 얼굴이 반영되었고, 비즈니스, 엔터테인먼트, 패션 등 복수의 영역을 다루었다. 동시에 유니클로는 디지털 콘텐츠도 공개했다. 내용은 피커가 티셔츠를 고르는 모습을 각각 촬영한 것으로 피커 30명의 동영상이 준비되었다. 캠페인이 시작되자 피커도 개별적으로 정보를 발신하기 시작했으며, 거기에 팔로워와 팬들도 반응하면서 입소문이 확산되었다.

피커 중 한 명인 시시도 카프카는 발표회 당일 "오늘은 'UT Picks'의 발표회에 참석했습니다. 피커가 되어 티셔츠를 골랐어요. 자세한 내용은 HP에서 확인하세요."라고 게시글을 올렸고, 3천 건 이상의 '좋아요' 반응이 있었다. 팔로워들로부터는 "카프카 씨가 선택했다면 나도 구입하겠습니다!", "정말 재미있는 기획입니다."라는 등의 폭발적인 반응이 이어졌다.

실제로 티셔츠가 도착했을 때에도 또 다른 놀라움이 있

자료 2. 'UT Picks' 발표회

었다. 티셔츠는 전용 포장 용기에 포장되어 배송되는데, 그 안에 피커의 사인이 담긴 편지가 들어 있는 것이다. 이것은 구매자들이 SNS에 반응을 올리도록 유도하여 2차적인 발신을 극대화시켰다.

캠페인의 화제성은 충분했고 수백 건의 기사로 다루어졌다. 피커들의 게시물도 계속 올라오면서 그에 대한 리액션이 잇달았다. 'UT Picks'는 호평을 얻었고 불과 2주 만에 완판을 하는 피커도 나타났다. 이후 조사에 의하면 새로운 유저들을 획득하는 데에도 성공했다고 한다. 이렇게 유니클로는 인플루언서의 '보증'의 힘을 적절하게 활용하여 새로운 고객과의 관계를 만들어내는 데에 성공했다.

마이크로 인플루언서 시대?

2016년 5월 2,500명의 팔로워를 보유하고 있는 케리 폭스(Kerry Fox)는 탄산수 브랜드 '라크로이(LaCroix)'의 캔 사진을 몇 장 올리고 거기에 의견을 달았다. 그리고 얼마 지나지 않아 본사로부터 몇 박스의 라크로이를 교환할 수 있는 교환권이 도착했다.

경쟁이 심한 탄산수 시장에서 라크로이가 순조로운 판매량을 기록하고 있는 배경에는 마이크로 인플루언서들에게 포커스를 맞춘 전략이 있었다. 경쟁 기업인 네슬레(Nestlé)나 펩시(Pepsi)가 매스미디어를 이용한 광고에 집중하는 모습을 보고 라크로이는 인스타그램을 중심으로 밀레니얼(Millennials; 미국에서 1982~2000년에 태어난 신세대를 일컫는 말로, 이전 세대에 비해 개인적이고 SNS에 익숙하다는 평가를 받는다.) 세대를 조준하여 2015년에 8개월 만에 기본 유저가 4천 명에서 4만 명까지 확대되었다.

라크로이처럼 마이크로 인플루언서와의 관계를 중시하는 브랜드가 등장하기 시작했다. 왜 그럴까? 한마디로 말하면 '영향 효율(影響效率)'이다. 인플루언서 플랫폼인 마컬리(Markerly)의 조사에 의하면 인플루언서의 팔로워 수와 사용자 참여(engagement) 비율은 반드시 비례하지 않는다는 사실이 밝혀졌다. 그뿐 아니라 팔로워 수가 증가함에 따라 사용자 참여 비율은 감소한다는 결과가 나왔다. 인스타그램 게시물에 대한 '좋아요'의 비율은 팔로워가 1천 명 미만인 경우에 8%였고, 1천~1만 명이 되면 4%로 줄어들었고, 100만 명 이상의 슈퍼 인플루언서인 경우에는 불과 1.7%였다.

유튜버의 경우도 비슷한 보고가 나왔다. 마이크로 유튜버는 미들 유튜버나 슈퍼 유튜버와 비교할 때 하나의 채널 등록자당 '코멘트 비율', '고평가 비율'이 높은 편이다. 즉, 슈퍼 인플루언서 한 명의 발신보다 마이크로 인플루언서 여러 명에 의한 발신이 영향력이 크며, 투자 수익률(ROI)도 좋다는 판단이다.

여기에는 수긍이 가는 부분도 있다. 첫째, 팔로워 100만 명의 규모에서는 게시물의 화제나 분야에 따라 반응을 하는 사람들이 매번 바뀐다. 물론 100만 명이 넘는 패션 인플루언서의 경우, 패션에 관한 화제라면 대부분의 팔로워가 반응을 보일 것이다. 하지만 식사나 여행 등이라면 어떨까? 프렌치 레스토랑인가 선술집인가, 하와이 여행인가 아프리카 여행인가에 따라서도 '반응의 차이'가 나타난다.

또 하나는 심리적인 측면도 있다. 여러분도 이미 많은 '좋아요'가 눌러져 있는 게시물을 평범하게 보아 넘긴 적이 있을 것이다. 게시물 내용에는 공감을 하더라도 "내가 '좋아요'를 누른다고 특별히 달라질 건 없겠지."라는 심리가 작용한다. 이것은 사회심리학에서 말하는 '방관자 효과(bystander effect)'와 관계가 있다.

예를 들어 여러분이 운 나쁘게 지하철역에서 넘어지는 바람에 허리를 심하게 다쳐 한동안 일어나지 못하고 있다고 하자. 주변에 많은 사람들이 오가고 있을 때와 한 사람밖에 없을 때 어느 상황에서 더 도움을 받기 쉬울까? 상식적으로 생각하면 사람들이 많은 쪽이 가능성이 높은 듯하지만 사실은 반대로 주변 사람(방관자)이 많을수록 도움을 받기 어렵다. 이것은 미국의 심리학자 빕 라타네(Bibb Latane)와 존 달리(John Darley)의 실험을 통해 실증되었다.

어쨌든 인플루언서의 활용도 목적에 따라 다르다. 마이크로 인플루언서의 유효성 검증에는 아직 시간이 걸리겠지만 "팔로워는 많으면 많을수록 좋다!"는 생각은 이른바 매스미디어 광고적인 발상이다. PR이 중시되는 이유는 행동 변화를 촉진할 수 있을 정도의 영향을 미칠 수 있는가 하는 점이다. 그런 의미에서 마이크로 인플루언서에 주목하면 다양한 '보증'을 이해할 수 있다.

브라질의 화장품 기업과 타투 아티스트의 협업

다음으로 소개할 내용은 브라질의 자외선 차단 용품 브랜드 '솔 데 자네이로(Sol de Janeiro)'가 2014년에 실시한, 인플루언서 설정이 매우 참신한 PR이다.

태양광이 뜨겁게 내리쬐는 브라질에서는 햇볕에 적당히 그을린 피부가 미인의 조건이다. 실제로 남녀 관계에서뿐 아니라 햇볕에 그을린 구릿빛 피부가 인기를 얻는다. 하지만 브라질에서는 유방암과 전립선암 환자보다 피부암 환자가 더 많다. 이는 해변에서 일광욕을 하는 젊은 사람들도 예외는 아니다. 사실 매우 중요한 사실이지만 젊은 사람들은 피부암을 노인의 질병이라고 인식하여 큰 관심을 보이지 않는다. 그래서 이 자외선 차단 용품 브랜드는 젊은 사람들의 사고를 전환시키고 브랜드 이미지를 높일 목적으로 한 인플루언서에게 주목했다. 타투 아티스트에게 협력을 구한 것이다.

브라질에서는 타투를 금기시하지 않을 뿐 아니라 오히려 일상적으로 받아들인다. 젊은 사람들이 동경하는 타투 아티스트도 많이 있다. 타투 아티스트를 아군으로 끌어들여 '자외선'과 '타투'라는 더블펀치를 이용해 젊은 사람들의 피부암을 막을 생각을 한 것이다. 여기에 PR의 창조성이 있다.

실제로는 인기 있는 타투 아티스트 450명을 모아 피부과 전문의로부터 초기 피부암 증세를 구분하는 교육을 받게 하고, 연수가 끝난 뒤에는 피부암 초기 진단 자격증을 발행하여 피부암 조기 발견에 일익을 담당하게 했다. 타투 아티스트들이 하루에 받는 고객은 평균 여섯 명 정도인데, 단순하게 계산하면 일주일에 1만 9800명의 피부를 진단하게 된다. 실제로 타투 아티스트의 조언을 듣고 피부과를 방문하여 치료를 시작한 젊은이들이 나타났고 미디어에서도 이를 크게 다루었다.

이 PR의 경우 일반적으로는 피부과 의사와 암 전문가를 사실 보증의 인플루언서로 이용하는 것이 왕도다. 하지만 타깃이 되는 젊은이들에게 끼치는 영향을 생각할 때 피부과 의사가 계몽하는 것만으로는 그들이 귀를 기울이지 않는다. 그래서 젊은이들과 가까우면서 매일 그들의 피부를 살펴보는 타투 아티스트에게 자격증을 발행하여 '보증'하게 함으로써 인플루언서로 양성하는 이중구조를 취한 것이다. 타깃에 가장 효과가 있는 인플루언서는 누구인가? 발상의 전환이 필요한 '응용 보증' 사례다.

인플루언서의 창조적 활용

브라질의 사례에서 타투 아티스트 기용은 매우 창조적인 발상이다. 피부암 방지라는 이야기가 나온 순간, 누구나 생각할 수 있는 인플루언서는 '피부과 의사', 즉 '사실 보증 계통의 인플루언서'다. 헬스 케어 영역은 특히 전문가나 학자에게 의지하지 않을 수 없다. 그들이 확실한 보증이 되어줄 수 있기 때문이다. 질환 계몽을 목적으로 한 대부분의 PR은 의사가 개입되지 않고는 성립되지 않는다.

하지만 그런 한편 브라질의 젊은이는 피부과 의사의 목

소리에 귀를 기울이지 않는다. 그래서 '공감 보증의 인플루언서'로 타투 아티스트를 끌어들였다. 이 아이디어가 뛰어난 이유는 단순히 젊은이들에게 인기 있는 인플루언서에게만 의지하지 않았다는 것이다. 예를 들어 인기 유명인의 입을 통해 "여러분! 피부암 초기 검진을 받아봅시다!"라는 식으로 접근하지 않았다(일본에서는 유감스럽게도 이런 패턴이 많다). 타투 아티스트라는 젊은이들과 가깝고 공감도 얻을 수 있는, 또한 피부와 관련된 일을 하고 있다는 사실 보증과 공감 보증의 '하이브리드(hybrid; 두 가지 기능이나 역할을 합친 것)' 인플루언서에게 주목한 것이다.

나는 인플루언서 채용에서야말로 더 창조적인 발상이 필요하다고 생각한다. '질환 계몽을 목적으로 하는 것이니까 의사를', '패션 PR이니까 모델을', '기술 계통의 신상품이니까 기술 전문 블로거를'. 이런 것도 나름대로는 나쁘지 않다. 하지만 인플루언서 채용이나 활용 방법에는 창조성이 더 필요하다.

술을 마셨으면 물에 들어가지 마라
싱크로나이즈드 스위밍 팀의 위험한 도전

스웨덴의 남자 싱크로나이즈드 스위밍 팀은 국제대회에

서 세 번이나 세계를 제패한 명문 팀이다. 이 명문 팀이 보험 회사 '트리그 한사(Trygg-Hansa)'에 초빙되었다. 화려한 경기를 펼쳐 보일 생각에 라커룸에서 일단 술을 건배하는 팀원들! 점차 술기운이 돌면서 흥분이 된 그들은 이후 4시간 30분 정도 계속 술잔을 기울인다. 분위기에 들떠 합창까지 불렀다. 정신을 못 차릴 정도로 심하게 술에 취한 사람도 발생한 상태에서 경기 편성이 이루어졌고 이윽고 풀에서 경기가 시작되었다. 결과는 당연히 엉망진창이었다. 대기하고 있던 구조원과 의사에게 구조되어 간신히 물 밖으로 나오는 사람도 있었다.

자칫하면 죽음에 이를 수 있는 위험한 도전이지만 사실 이것은 보험 회사의 "Don't Drink and Dive(술을 마셨으면 물에 들어가지 마라)"라는 2016년 PR 캠페인이었다. 스웨덴에서는 2015년 7월에 지난 10년간의 통계로 봤을 때 익사자가 가장 많이 발생했다. 그 대부분은 중년 남성이었고, 음주가 원인이었다.

여기에도 창조적인 인플루언서가 활용되었다. 이른바 사실 보증 계통 인플루언서의 '보증된 사실의 활용'이다. "나라에서 수영을 가장 잘하는 사람들조차 이렇게 된다."는 사실을 전하는 방법으로, 음주 후의 수영이 얼마나 위험한지를 알린 것이다. 수영 금메달리스트가 등장해서 미소를 지으며 계몽을 하는 것과는 차원이 다르다. 이렇듯 인플루언서 선정이나 활용은 가장 자유로운 발상에서 이루어져야 한다.

인플루언서의 발신과 전후 사정

1장에서 언급한 PR과 스텔스 마케팅을 관련지어 말하자면, 인플루언서와의 협력도 자칫하면 스텔스 마케팅으로 보일 위험성이 있다. 유의해야 할 포인트는 단 한 가지, '무엇에 대해 대가가 발생하는가'다. 인플루언서가 대가를 받고 그것을 의도적으로 공개하지 않는 경우, 그 활동을 스텔스 마케팅이라고 불러도 어쩔 수 없다.

나아가 더 중요한 것은 인플루언서의 '발신 문맥(context)'이다. 평소에 무엇을 주장하는가, 무엇을 확장하려 하는가, 어떤 분야의 일인자인가, 이것을 돈을 주고 구입했는가 하는 것이다. 평소에 주장하지 않던 것을 주장하는 데 대가가 발생했다면 그것은 분명한 '광고'다.

따라서 인플루언서를 선정할 때에는 지명도나 팔로워 수도 중요하지만 발신에서의 전후 사정도 잘 파악해야 한다. 예를 들어 단순히 "○○ 건강법을 추천한다."는 것이 아니라 그 이유나 근거나 비전을 이해하는 "■■를 실현하기 위해 ●●라는 근거를 가지고 ○○ 건강법을 추천한다."는 식으로 보여야 한다. 이 부분을 가볍게 생각하면 "○○ 건강법을 추천하는 전문가는 세 명 정도 있다."는 발견으로 끝나버리지만, 대부분의 경우 발신 문맥은 인플루언서에 따라 미묘한 차이가 있다.

인플루언서의 발신이 PR을 하려는 내용과 맞아떨어지는가, 만들어내고 싶은 분위기가 인플루언서가 발신하는 내용이나 사정과 맞지 않는 부분은 없는가. 여기에는 '돈으로 살 수 없는' 미묘하고도 중요한 가치가 존재한다.

보증의 요소를 활용하다

신뢰성을 확보하고 공감을 갖게 하는 것이 인플루언서의 역할이다. 이번 장에서는 현대적인 분류 방법이나 특성에 관하여 주로 이야기했는데 실제 PR을 할 때에 장벽이 되는 것은 인플루언서를 찾는 방법이나 상대하는 방법이다. 상대방은 살아 있는 사람이기 때문이다.

우선 찾는 방법인데, 전체를 망라하는 데이터베이스는 존재하지 않는다. 공감 보증 계통의 인플루언서는 캐스팅에 가까운 접근을 해야 하기 때문에 소속 프로덕션이나 에이전트가 개입되는 경우가 많다. 사실 보증 계통의 인플루언서인 경우에는 인터넷으로 목표를 찾는 것이 가장 빠르다. 지나치게 노골적이기는 하지만 "찾는 데에 고생을 해야 하는 사람이라면 인플루언서가 아니다."라고 생각하자.

인플루언서에게는 일단 정식 '의뢰서'를 준비한다. 그때 중요한 것이 SOW(Scope of Work), 즉 업무 위탁 범위다. 인플루언서에게 무엇을 원하는지를 명확히 전달해야 한다. 예를 들면 "두 달 동안 취재에 대응하는 건수는 10건이 될 것입니다."라는 식이다. 또 인플루언서와의 대응은 영업 교섭이 아니다. 정도를 넘지 말고 효율적으로 대등하게 대해야 한다. 마지막으로 인플루언서는 '돈'으로 움직이는 존재가 아니다. 이것이 가장 유념해야 할 중요한 점이다.

본질의 요소

보편성을 발견하다

7장

본질이 바꾸는 분위기

과장: 이번 판촉도 역시 소셜 미디어 중심으로 가야겠어.

주임: LINE의 액티브 유저는 지금 어느 정도나 되지?

사원: 지금 영향력 있는 것은 인스타그래머입니다!

주임: 최근에는 소셜 쪽에 관심이 줄어든 것 같은데….

과장: 인스타그램이 우리 상품 이미지와 맞나?

신입 사원: 저….

과장: 뭐지?

신입 사원: 저, 본질은 어떻게 해야 매상을 10% 늘릴 수 있는가 하는 것 아닌가요?

전원: …….

여러분의 직장에서 이런 대화가 이어지고 있을 때, 누군가가 "본질은…."이라는 말을 꺼내 갑자기 분위기가 바뀐 경우는 없었는가? 모든 일의 시작이나 문제가 발생한 이유 등으로 돌아가 논의하는 것, 이른바 원점 회귀다. 그것이 목표에 맞는 것이라면 회의 참가자들은 모두 흠칫하며 정신을 가다듬게 되고 그 자리의 '분위기'가 바뀐다. 그리고 그 문제나 과제에 이목이 집중된다.

PR도 마찬가지다. 4장 '공공의 요소'에서도 설명했듯 전략 PR의 큰 특징 중 하나는 사회성에 있다. 그러나 뭐든지 널리 알린다고 해서 좋은 것만은 아니다. 집중해서 세상을 다시 들여다보자. 어쩌면 모두가 잊고 있는 본질이나 보편적인 무엇인가가 감추어져 있을지도 모른다. 정말로 중요한 것이 등한시되고 표면적이기만 한 트렌드나 토론이 횡행하고 있는지도 모른다. 그것을 PR의 기회로 바꾸어야 한다. "그래. 본질을 잘 말해주었어!"라는 말이 나올 수 있는 커다란 가치 전환을 만들어내는 것이다. 그것이 PR의 네 번째 요소인 '본질'이다.

이제 지루한 회의실에서 단번에 세계 수준의 PR 세계로 들어가 보자. 세계를 향하여 장대한 '본질'을 만들고 그것을 화제로 이끌어 2015년 칸 라이언즈 PR 부문의 대상을 수상한 '올웨이즈(Always)'의 캠페인을 살펴보자.

세계가 극찬한 PR
올웨이즈의 #LikeAGirl 캠페인

지금부터 소개하려는 내용은 헤어 케어 제품과 화장품, 위생 용품을 다루는 P&G가 세계적으로 시장을 가지고 있는 여성 용품 브랜드 '올웨이즈'에서 제작한 '라이크 어 걸(#LikeAGirl)'이라는 캠페인이다. P&G는 사회에서의 '여성다움'이라는 것이 사실은 이 사회에서 본인의 의사와는 관계없이 규정되어 있다는 사실에 착안하여, 그 '본질'을 계몽하는 PR을 전개했다.

캠페인으로서 구체적으로 실시한 내용은 매우 단순하다. 여러 명의 소녀와 소년을 카메라 앞에 서게 하고 감독의 지시에 따라 액션을 취하게 하여 동영상을 제작한 뒤 유튜브에 공개한 것이다.

처음에 등장한 인물은 17, 18세의 십대 소녀다. 감독이 "여자답게 뛰어보세요."라고 말한다. 그러자 십대 소녀는 나긋나긋 허리를 움직이면서 다리 사이가 벌어지지 않도록 뛰는, 세상에서 흔히 말하는 '여성스러운' 달리기를 했다. 이어서 감독은 십대 소년에게도 마찬가지로 본인이 생각하는 '여성스러운' 모습으로 달리기를 해보게 하였다.

이어서 7, 8세 정도의 소녀가 등장한다. 감독이 말한다. "여자답게 달려보렴." 그러자 소녀는 등을 곧게 펴고 팔을 힘차게 앞뒤로 흔들면서 육상 선수처럼 당당하게 달린다. 그밖에도 "여자답게 싸워보렴.", "여자답게 공을 던져보렴."이라는 지시가 이어지는데, 십대 소녀와 소년들은 흐늘흐늘 고양이 펀치를 하거나 공을 던지는 동작을 보여주는 데에 비하여 7, 8세 소녀들은 허리에 적당히 힘이 들어간 강렬한 펀치를 반복하거나 팔을 크게 휘둘러 공을 던지는 동작을 보여준다.

왜 이런 차이가 생기는 것일까? 알게 모르게 사회가 여자다운 행동을 규정해버리기 때문이 아닐까? P&G의 이 동영상은 인터넷상에서 단번에 확산되었고, 텔레비전 뉴스에서도 다루어졌다. P&G는 왜 이런 주제를 선택한 것일까? 동영상에 등장한 십대 소녀는 말한다.

"여자는 사춘기에 자신감을 잃어버려요."

즉, 여성 용품 올웨이즈의 타깃 층인 첫 생리를 맞이한 소녀와 그 부모를 향하여 "여자는 부끄러운 것이 아닙니다.", "당당하게 자기답게 살아갑시다.", "P&G는 있는 그대로의 여성을 지원합니다."라는 메시지를 보내고 있는 것이다.

그야말로 절묘한 주제 설정이었다. 사회에서 감추어져 있거나 오랜 시간 동안 묻혀 있어 누군가가 말하지 않으면 깨달을 수 없는, 보편성이 있는 사회 문제를 이끌어내어 브랜드 PR과 연결시켰다.

그동안 우리는 일상생활에서 여성의 달리기에 신경을 쓴 적이 있었을까? 아마 국가나 인종을 초월하여 "듣고 보니 그렇네."라고 처음으로 깨닫게 되는 문제가 아닐까? 그렇지만 이것은 사실 보편적인 문제다. 덧붙여 이 동영상은 매우 단순하지만 '달린다', '공을 던진다' 등의 매우 적절한 액션 선택이 있는 멋진 작품이다.

모든 사람이 그렇게 생각하는 것

올웨이즈의 캠페인은 지금까지 생각하지도 못했던 완전

히 새로운 가치관을 세상에 제시한 것일까? 아니, 그렇지 않다. 세상에는 이 주제와 연결되는 생각들이 수없이 산재해 있었다. 예를 들면 다음과 같다.

"여자다움이란 무엇인가?"
"나는 언제부터 여자다움을 의식했을까?"
"여자는 모두 여자답게 행동해야 하는 것일까?"

이 캠페인의 핵심은 그렇게 산재해 있는 수많은 생각들을 커다란 '본질'을 기준으로 연결시켜서 단번에 깨달음을 주었다는 데에 있다. 이른바 동시다발적인 깨달음의 환기다. 여기에서 주목해야 할 것은 '모두가 그렇다고 생각하는 것'은 뜻밖에도 표면화되지 않는 경우가 많다는 점이다. 또는 '그런 시기'가 존재한다는 것이다.

여러분도 이와 같은 경험이 있을 것이다. 예를 들어 올해 여러분의 부서에 들어온 신입 사원이 있다고 하자. 의욕은 넘치지만 함께 지내다 보면 왠지 모르게 위화감이 느껴진다. 신입 사원인데 마치 윗사람인 것처럼 행동할 때도 있다. 그래서 자기도 모르게 "여하튼 요즘 젊은 사람들은…"이라는 불만이 생기지만 편견을 가져서는 안 된다는 생각에 마음을 다스려본다.

그런데 어떤 계기로 다른 사원들도 그 신입 사원에 대해 똑같이 생각하고 있다는 사실을 알게 된다. 대부분의 사원이 "저 신입 사원은 자의식이 지나치게 높아. 누군가가 지도해주지 않으면 안 되겠어."라는 식으로 생각하고 있었던 것이다. 모두가 "뭐야, 모두 그렇게 생각하고 있었어? 그럼 일찍좀 말해주지."라고 생각하면서 "저 신입 사원은 지도가 필요해."라는 문제의식이 부서 안에 확고하게 자리를 잡는다. 이것이 하나의 합의 형성이 이루어지는 과정이다.

PR의 역할 중 하나는 사회에 합의 형성을 이끌어내는 것이다. 전략 PR은 분위기를 만드는 것으로 어떤 상품이나 브랜드나 기업에 대한 세상의 견해와 평가를 바꾼다.

문제는 그것을 어떻게 이끌어내는가 하는 것인데, 이번장에서 말하는 '본질', 즉 '감추어져 있는 보편성'이라고 말할수 있는 관점이 힌트다. 사회에 잘 알려져 있는 것도 아니고, 그렇다고 아무도 생각하지 못했던 참신한 것도 아니다. 그중간을 공격하는 것이다.

표면화될 것 같으면서 표면화되지 않는 것, 잠재적으로 '모든 사람이 그렇게 생각하는 것'을 노린다. 그렇게 간단한 문제는 아니지만 그것을 노리면 단번에 '분위기'가 형성되는 경우가 많다.

한 마디 더 덧붙인다면 본질은 전제 조건 자체를 바꾸는 것이기도 하다. 회의실에서도, 사회 선체에서도 이것은 마찬가지다. 본질에 해당하는 메시지는 사람들을 처음의 위치로 되돌려놓고 의견을 통일시켜 본래 있어야 할 방향으로 향하게 하는 힘을 가지고 있다.

자신의 이름으로 불리고 싶어 하는 여성들

일본의 화장품 기업 폴라(POLA)가 실시한 화장품 'RED B.A'의 브랜드 캠페인 'Call Her Name'을 소개해보자. 폴라에 의하면 일본 여성은 결혼을 해서 어머니가 되면 77%가 '○○ 엄마', '여보'라고 불린다고 한다. 독자 여러분도 그런 경험이 있지 않은가?

'Call Her Name'은 평소에 이름으로 불리지 않는 어머니를 다시 이름을 부르는 것으로 그녀들의 내부에 잠들어 있는 '아름다움에 대한 본능'을 일깨운다. 그런 '본질'에 착안한 것이 폴라의 PR이다.

동영상(자료 3)은 처음에 네댓 살 정도의 아이가 "엄마!" 하고 부르는 목소리가 나오면서 시작된다. "○○ 엄마, 내 넥타이 어디 있어?"라는 남편의 도와달라는 목소리, 바쁜 아침식사를 준비하고 있는 아내…. 그런 일상을 보내는 그녀들에게 남편이 갑자기 이름을 부른다. 처음에는 당황한 표정을 지어보이지만 점차 기쁜 미소로 표정이 바뀌는 아내….

동영상 안에서는 어느 순간부터 '○○ 엄마', '여보'라는 호칭으로 불리게 된 여성 열아홉 명을 이름으로 부르는 실험을 한 결과, 피실험자의 체내에 아름다움의 호르몬이라고 불리는 '옥시토신'의 농도가 평균 15.9% 증가했다는 사실을 보여준다.

자료 3. 'Call Her Name'의 한 장면

마지막으로 동영상에서는 피실험자로 등장한 여성이 이렇게 말한다.

"○○ 엄마라는 호칭을 들을 때보다 훨씬 더 저 자신을 인식할 수 있었어요."

그러고 나서 RED B.A의 브랜드 철학인 "모든 여성에게는 아름다워지고 싶은 본능이 있다."는 메시지가 나타난다.

등장하는 인물들은 어머니로서, 아내로서, 직장에서 일하는 워킹 우먼으로서 스트레스가 가득 찬 사회에서 일하는 현대 여성들이다. RED B.A의 타깃 층인 그 여성들에게 다가가는 브랜드라는 사실을 표명하고 있는 것이다.

이 사례는 앞에서 소개한 올웨이즈의 캠페인과 마찬가지로 다루고 있는 사회 과제가 특별히 참신한 것은 아니다. 그러나 보편적인 과제를 다루어 실험으로 뒷받침해서 신빙성을 보강하고 최종적으로 브랜드 철학으로 수렴해가는 기법을 쓴 매우 뛰어난 작품이다.

리바이벌 붐은 왜 일어나는가
일회용 필름 카메라를 원하는 주기

'리바이벌 붐'이라는 것이 있다. 과거에 유행했던 것이 무슨 이유에서인지 갑자기 부활하는 현상이다. 최근에는 중년들이 어린 시절에 즐겨 먹었던 과자들이 다시 등장하면서 불을 붙인 듯하다. 세계적으로는 아날로그 레코드도 그런 현상을 보이고 있다. 일본 레코드협회에 의하면 2015년의 레코드 생산량은 전년 대비 65%가 증가했다고 한다.

내 입장에서는 청춘 시절을 떠올리게 하는 그리운 것들이라서 나도 모르게 향수에 젖기도 하는데, 그도 그럴 것이 음악이나 패션 업계에서는 그 주기가 약 20년이라고 한다. 그런 상황에서 지금 커다란 리바이벌 붐을 일으키고 있는 것이 렌즈가 딸린 일회용 필름 카메라 '우츠룬데스(写ルンです)'다.

스마트폰이나 디지털카메라도 없었던 시대, 여행이나 데이트를 할 때 '우츠룬데스'는 빼놓을 수 없는 물건이었다. 중년 세대라면 드라이브를 하다가 편의점에 들러 구입한 경험도 있을 것이다. 그런 '우츠룬데스'도 올해로 30주년이다.

1986년에 후지필름에서 발매되어 폭발적인 히트를 쳤다. 그 후에는 디지털카메라나 휴대전화 카메라에 밀려 우츠룬데스의 출하량은 1997년의 8,960만 대를 절정으로 하여, 2012년에는 430만 대까지 떨어졌다.

그런데 최근 젊은 사람들을 중심으로 일회용 필름 카메라의 인기가 다시 시작되고 있다. 이유는 아날로그적인 단순함과 가벼움 때문이라고 한다. 지금은 스마트폰으로도 충분히 사진을 찍을 수 있지만 젊은 사람들의 감성으로 보면 스마트폰의 사진은 '너무 깨끗하다'는 것이다. 즉, 아날로그적인 따뜻한 온기나 필름 특유의 거친 맛을 사람들이 다시 찾고 있다(마치 레코드에 집착하는 아저씨 같아서 왠지 마음이 놓인다). 물론 요즘의 카메라로 찍은 사진들은 인스타그램 등의 SNS에 게시하고 공유할 수 있어 나름대로의 붐을 타고 있다.

일회용 필름 카메라의 인기는 일종의 사진에서의 '원점 회귀'다. 테크놀로지의 진화는 사진을 디지털화하고 화질을 비약적으로 향상시키고 촬영 매수의 제한을 없앴다. 이런 환경에서 사는 젊은 세대가 '우츠룬데스'에 매료되고 있다. 소중한 친구나 연인과의 추억이기 때문에 뭔가 은은한 분위기가 있는 사진을 24장이나 36장이라는 제한된 매수 안에서 한 장, 한 장 소중히 여기며 촬영을 한다. 애당초 '사진'이 가지고 있는 아름다운 본질을 경험하는 것이다.

'리바이벌(revival)'은 크리스트교의 '신앙의 원점으로 돌아가려는 운동'이 어원이다. 20년이나 30년 주기로 발생하는 리바이벌 붐은 주기적으로 찾아오는 '원점 회귀'와 비슷하다. 여기에서 내가 말하고 싶은 것은 '본질(보편적인 원점 회귀)'을 PR로 다루는 경우, 이 '주기'를 간파하는 관점도 갖추어야 한다는 점이다.

앞에서 '본질'에는 표면화되지 않은 '모두가 그렇게 생각하는 것'을 발견하는 것이 중요하다고 말했는데, 그 부침은 사회적인 시간의 경과와도 관계가 있다. 회사 조직 같은 집단이 확대됨에 따라 분단화, 고립화가 진행되고, 그 폐해가 인식되었을 때 다시 통합되는 일이 일어난다. 본질의 발견도 그와 비슷한 것인지도 모른다.

어떤 종류의 가치관이나 사고방식은 다양화되고 확대되는 것처럼 보이지만 사실은 '얕게 퍼져 나가고 있을 뿐'인 경우도 많다. 본질을 잊은 채 마치 수면에 퍼져 나가는 기름처럼 표면적인 확장만을 보인다. 거기에 떠오르는 것은 분단화, 세분화된 수많은 각론이다. "잠깐! 뭔가 근본을 놓치고 있는 것은 아닐까?" 하고 사회가 깨닫기 시작하는 그때가 '본질'을 다루어야 할 시점이다.

올웨이즈의 캠페인도 세계적으로 남녀평등 논의가 다양해지기 시작했을 즈음에 등장했다. 전략 PR에 있어서 중요한 것 중의 하나는 세상의 '경계'를 읽는 것이다. 그런 의미에서는 이 '원점 회귀의 주기'를 간파하는 것 역시 성공과 실패를 결정짓는 중요한 포인트다.

본질의 요소를 활용하다

PR 전략에서는 '세상에 무엇을 묻고 싶은가?' 하는 '메시지 개발'이 중요하며, 그 영향력이 성공과 실패를 결정짓는 경우도 있다. 사회성을 띠고 있다는 점에서는 '공공'과도 겹치지만 공공이 그 시점에서의 '사회적인 수평 확대'라면 '본질'은 '수직적 시간축', 즉 시대의 흐름을 보는 '관점'이다.

'본질'은 어떤 부분에 주목하는가 하는 것이 승부처이기 때문에 PR의 주체가 공공만큼 명확한 솔루션이어야 할 필요는 없다. 이런 의미에서는 특정 상품의 마케팅을 목적으로 한 PR보다 브랜드 가치의 향상을 주안점으로 삼은 캠페인과 궁합이 잘 맞을지도 모른다.

마지막으로 본질의 관점은 조사를 통해서는 나오지 않는다. 상당히 잠재성이 강하기 때문이다. 문제의식을 가지고 세상을 삐딱하게 바라보며 함께 모여 창조적인 사고 활동을 되풀이하는 수밖에 없다. PR을 기획하는 입장에서는 수준이 매우 높은 방법이다.

공감의 요소

당사자성을 갖게 하다

8장

공감하지 않으면 움직이지 않는다

공감은 '마음속으로 깊이 느끼는 것'이다. 한 걸음 더 나아가면 마음속에 깊이 배어들어 동조할 수 있는 감각까지 느껴야 진정한 공감이라고 할 수 있다.

이 '공감'이 세계적인 PR에서도 매우 중요한 요소라는 것이 이번 장의 취지다. 공감의 요소를 분해해보자. 우선 '감정'이다. 당연한 말이지만 공감은 논리적으로 이루어지지 않는다. 깊은 수준의 감정이 들어 있어야 한다.

공감의 요소에는 '당사자성'도 있다. 감정이 흔들리는 것만으로 공감이 되는 것은 아니다. '몸에 스며드는' 것처럼 자신의 문제로 받아들일 수 있어야 한다.

"공감하지 않으면 움직이지 않는다."는 말이 있다. 그야말로 세계 PR의 조류도 행동 변화를 꾀하려면 '감정에 호소하고 당사자 의식을 가지게 하라'는 인식을 중시한다. 이것이 PR의 다섯 번째 요소인 '공감'이다.

'분위기를 만든다'는 말이 나타내듯 지금까지 PR은 세상에 커다란 화제를 환기시키거나 거대한 흐름을 낳는 것이 장점인 분야였다. 그것은 그 나름대로 앞으로도 중요한 부분이지만 아무리 큰 화제라고 해도 움직여야 할 사람들이 움직여주지 않는다면 의미가 없다.

사람은 다양한 역학에 의해 움직이지만 역시 공감하지

않으면 움직이지 않는다는 것이 현재의 본질적이고 공통된 인식이다. 그렇다면 어떻게 공감을 만들어야 할까? 여기에는 몇 가지 키워드가 존재한다. '스토리텔링', '자기 투영(自己投影)', '인사이트'가 그것이다. 최신 사례들과 함께 이야기를 진행해보자.

필립스가 결성한 호흡기 질환 환자들의 합창단

먼저 소개할 사례는 전기 제품 기업 필립스가 미국에서 실시한 PR이다. 'Breathless Choir(숨 가쁜 합창단)'라는 이 PR은 2016년 칸 라이언즈 헬스 제약 부문에서 대상을 수상한 바 있다. 필립스라고 하면 전기면도기 등의 헬스 케어 가전제품이나 커피메이커를 먼저 떠올리는 사람이 많을 것이다. 그러나 사실 이 회사는 조명 기기나 영상, 음향, 의료 기기 등 다양한 분야의 전기전자 기기를 제조하고 판매하는 다국적 기업이다. 그런 기업이 브랜드 이미지 PR을 한 것이다.

필립스는 브랜드의 약속으로 '당신에게 가장 가까운 혁신(innovation and you)'을 내걸고 있다. 다시 말하자면, "혁신적인 기술력으로 사람들의 생활을 더 나아지게 하는 회사입니다."라고 세상에 알려 이미지 향상을 도모하려는 것이다. 이 PR 사례에서는 특히 휴대용 산소통 'Philips SimplyGo'의 브랜딩을 목적으로 했다.

어느 날, 제임스 브라운(James Brown)과 스티비 원더(Stevie Wonder)를 배출한 뉴욕의 전통 있는 클럽 아폴로 시어터(Apollo Theater)에서 특이한 합창단의 콘서트가 열렸다. 합창단이 결성된 것은 콘서트 5일 전, 더구나 모두가 일반인이다. 그리고 단원들은 노래를 부르는 데에 모두 커다란 장애를 가지고 있었다. 사실 전원이 폐나 기관, 호흡기 등에 질환이나 장애를 가지고 있었던 것이다.

동영상은 5일 전부터 시작된다. 아무것도 모른 채 합창 연습실에 모인 단원들 앞에 영국왕립음악원 출신의 지휘자 개러스 말론(Gareth Malone)이 나타났다. 말론은 영국의 인기 다큐멘터리 프로그램 '콰이어(Choir)'에 출연하기도 한 유명 인사였다. 이 프로그램은 빈곤 지역 주민이나 군인 가족들을 방문하여 합창단을 결성하고, 노래를 통해서 지역이나 가족의 관계를 개선하거나 단합시키는 것이 목적인데, 지휘자 개러스 말론의 손을 거치면 그때까지 다른 사람 앞에서 노래를 불러본 적이 없는 사람들이 멋진 목소리로 노래를 부를 수 있게 된다.

열여덟 명의 단원은 각각 말론에게 자기소개를 시작한다.

"한쪽 폐가 망가졌습니다."

"천식과 자가면역 질환을 앓고 있습니다."

그중에는 낭포성 섬유증이라는 선천성 난치병을 앓아 폐 기능이 저하되어 항상 호흡 보조 기기를 가지고 다녀야 하는 여성도 있었고, 2001년에 발생한 미국의 9·11 테러 때에 구급대원으로서 현장으로 달려갔다가 고열에 의해 폐 기능의 3분의 1을 잃은 남성도 포함되어 있었다. 단원들은 지금까지 노래를 좋아했지만 여러 가지 사정으로 인해 노래를 포기한 사람들이었다.

"노래를 부르기 위한 호흡에는 준비 운동이 필요합니다. 자, 시작해봅시다."

말론의 지시에 따라 단원들은 발성 연습을 시작했다. 처음에는 당연히 엉망진창이었다. 도저히 노래를 부를 수 있는 상태가 아니었다. 과제 곡은 미국인이라면 누구나 알고 있는 1980년대의 명곡, 폴리스(Police)의 'Every Breath You Take(당신의 모든 숨결마다)'다.

덧붙여 필립스는 이 합창단의 기획자 입장이다. 모인 단원들은 필립스의 의료 기기를 사용하고 있는 환자들이며, 개러스 말론을 미국으로 초빙한 것도 필립스였다.

첫날 연습 상황이 너무 심각해서 단원들은 불안감을 느꼈지만 이틀, 사흘 연습을 지속하면서 점차 변화를 보이기 시작했다. 그리고 마침내 이렇게 말한다.

"폐에 들어간 공기가 한 번에 전부 빠져나가지 않게 하는 방법을 배웠습니다."

"우리는 말론을 음악가라고 생각했는데 그것은 착각이었습니다. 그의 진정한 직업은 마술사입니다."

노래를 부를 수 있게 되면서 단원들은 얼굴빛도 밝아지기 시작했다. 그리고 5일째, 콘서트 당일에 'Breathless Choir'의 단원들은 당당히 'Every Breath You Take'를 불렀고, 콘서트 장에 울려 퍼지는 우렁찬 박수갈채에 미소로 화답했다. 동영상 마지막 부분은 이러한 메시지로 끝을 맺는다.

"There's always a way to make life better(언제든지 더 나은 삶을 살 수 있는 방법은 존재한다)."

필립스의 PR은 호흡 보조 기기 지원이 필요한 사람들이 있다는 사실을 바탕으로, 호흡 기관에 문제가 있는 사람들을 모아 합창단을 결성해서 카리스마 있는 지휘자에 의해 그들이 서서히 성장하고, 최종적으로 콘서트를 성공시키는 방식이다. 이 PR의 훌륭한 점은 필립스는 의료 기기를 개발하고 지원할 뿐 아니라 그 사람에게 꿈과 용기를 제공한다는 스토리를 완성하고, 나아가 '공감' 요소를 적절하게 도입했다는 데에 있다.

본래 등장인물이 나날이 성장해가는 모습을 보여주는 다큐멘터리 형식의 영상은 보는 사람이 당사자 의식을 느끼기 쉽다. 그리고 단원들은 천식 등 비교적 주변에서 흔히 볼 수 있는 환자뿐 아니라 9·11 테러 때문에 폐 기능을 잃은 구급대원 등 미국인들의 감정에 호소할 수 있는 사람들이다. 누구나 알고 있는, 콘서트장이 된 아폴로 시어터도 감성을 자극하는 데에 도움을 주었을 것이다. 나아가 과제 곡으로 'Every Breath You Take'를 선택한 것도 훌륭하다. 제목에

'breath'가 들어가 있어 기획의 취지와 관련이 있을 뿐 아니라 1980년대에 청춘을 보낸 40대, 50대들이라면 추억도 회상할 수 있다.

영상을 자세히 보면 콘서트 안에 자연스럽게 'Philips SimplyGo'가 보여 상품을 홍보하고 있는 듯한데, 전체적으로 보면 강요하는 인상은 전혀 없고 어디까지나 합창단원들이 보다 나은 생활을 할 수 있도록 '지원을 한다'는 느낌이다. 이 동영상은 'COPD(만성폐쇄성폐질환) 데이'에 송신되어 전 세계에서 1,500만 명이 시청했고, 그중 공유를 한 사람이 20%에 이르렀다. 동영상을 본 다섯 명 중 한 명이 공유를 했다는 뜻이다.

이 PR은 필립스 브랜드의 인식을 바꾸는 캠페인의 일부다. 전기 제품 기업이라는 전통적 이미지에서 과학의 힘으로 혁신을 일으키는 기업이라는 이미지 변화에 성공을 거둔 사례라고 말할 수 있다.

이야기의 힘은 강력하다
스토리텔링의 시대

요즘은 스토리텔링 시대다. 정보의 홍수, 상품의 일용품화, 소비자의 다양화, 기업에 대한 불신감 증대라는 소비 사회와 비즈니스 사회의 인식 변화에 의해 전달 방식의 방법론도 커다란 전환기에 접어들고 있다. 스토리텔링이란 문자 그대로 '이야기를 만들어내는' 기술이다. 이 책을 읽고 있는 독자들 중에는 아이에게 그림책을 읽어주는 사람도 있을 것이다. 그중에는 자신의 어린 시절에 부모에게 들은 이야기도 있을지 모른다. 그 내용을 꽤 자세히 기억하고 있다는 사실에 놀란 적은 없는가? 그렇다. 그것이 바로 이야기의 힘이다.

그밖에도 수많은 정보를 접했을 텐데도 그것들은 모두 잊어버리고 기억하고 있는 것은 이야기다. 어린 나이였지만 그 이야기에 크게 '공감하는 체험'을 했다는 뜻이다.

전 세계에서 가장 많이 읽힌 베스트셀러는 《성서(聖書)》라고 하는데, 이것도 사실 이야기 구조다(3위는 《해리 포터》). 이렇듯 어떤 정보를 널리 전하고 싶을 때 스토리텔링은 가장 강력한 방법이 된다.

스토리텔링의 방법론도 PR과 마찬가지로 미국에서 발달했다. 미국이라는 나라는 그 성립과 다양성으로부터 '무엇인가를 전달하는 기술'을 체계화하는 능력이 정말 뛰어나다. 스토리텔링의 발상도 사회 구석구석까지 침투해 있다. 초등학교 수업을 보자. 선생님이 아무것도 아닌 한 장의 그림, 예를 들면 사과 그림을 보여주면서 말한다.

"자, 이 사과를 주제로 재미있는 이야기를 만들어보자."

선생님의 어색한 원맨쇼처럼 보이기도 하지만 일본에서는 거의 볼 수 없는 과제다. 그런가 하면 교도소에서 수감자들에게 스토리텔링을 전수하는 NPO(!)도 존재한다. 출소한 뒤에 사회와 대화하는 기술을 가르칠 수 있고 갱생에 도움이 된다는 이유에서다. 세계를 매료시키고 있는 할리우드뿐 아니라 그야말로 '국가적 스토리 생산'을 하고 있는 곳이 미국이다.

당연히 기업의 스토리텔링 도입도 진행되고 있다. GE, 마이크로소프트, 스타벅스, 인텔 등 미국을 대표하는 글로벌 기업이 모두 적용하기 시작했다. 기업에서의 이런 스토리텔링 전략을 컨설팅해주는 스토리텔링 전문 회사도 존재한다. 나는 얼마 전 일본을 방문한 이 컨설팅 회사 매니지먼트와 함께 한 대기업 홍보 담당자들을 상대로 몇 차례에 걸쳐 '스토리텔링 연수'를 했다. 광고 활동에 스토리 요소를 어떻게 도입할 것인가 하는 것이 핵심이었는데, 대부분의 홍보 담당자들은 매스미디어를 이용한 광고나 기사 발표 같은 기존의 홍보에 대한 개념에 얽매여 '스토리'를 만든다는 발상은 즉시 받아들이지 못하는 것 같았다. 연수 내용을 여기에서 자세히 설명할 수는 없지만 스토리텔링 발상의 다양한 사례를 소개했다.

예를 들면 석유 회사의 위기관리에 적용할 수 있다. 유조선 사고로 중유(重油)가 바다에 흘러나갔을 때 본사 중역의 입장 발표가 아니라 현장 책임자의 모습을 적극적으로 전달하는 방식으로 진지하게 대응하고 있는 자세와 진척 상황을 스토리로 전달한다. 또한 자동차 회사의 신차 발표에도 적용 가능하다. 최신 안전 장비가 장점이지만 그것을 기능으로서 전달하는 것이 아니라 면허를 취득한 지 얼마 지나지 않은 딸이 있는 가족의 이야기로 전달한다. 이렇게 정보를 스토리로 만들어 전달하면 공감력은 단번에 상승하게 된다.

스토리텔링을 이용하면 전달력이 높아진다는 사실은 의심할 여지가 없다. 하지만 그보다 더 중요한 포인트가 있는데, 바로 스토리에 '자기 투영'을 하도록 만드는 것이다.

자기 투영과 이야기식 접근법

2016년에 히트를 친 디즈니 영화 <주토피아(Zootopia)>의 바이론 하워드(Byron Howard) 감독은 "그려지고 있는 것은 동물 세계의 이야기지만 현대의 관객이 자기 투영을 할 수 있는 이야기여야 한다."고 말한다. 바이론 감독의 다른 영화 <라푼젤(Tangled)>도 그렇고, 2014년에 세계적으로 히트를 친 <겨울왕국(Frozen)>도 그렇고, 디즈니 영화는 고전적인 스토리텔링에 현대적인 요소를 도입하여 관객의 '자기 투영'을 이끌어내는 능력이 뛰어나다. 그것이 인기의 비결이다.

기업이나 상품의 커뮤니케이션을 기획할 때에도 단순한 스토리만 생각해서는 안 된다. 그 스토리가 살아나는 것은 받아들이는 사람의 '자기 투영'과 큰 관계가 있다.

'내러티브 어프로치(narrative approach; 이야기식 접근법)'라는 말을 들어본 적이 있는가? 심리요법이나 교육, 비디오 게임 등에서 최근에 주목을 받는 방법이다. '내러티브'는 '이야기'에 꽤 가까운 의미를 가진 말이지만, '내레이터'의 어원이기도 하여 '말투', '화술'이라는 뉘앙스가 강하다. 기업 홍보 영역에서 스토리텔링이 요구되고 있는 것과 비슷한 배경에서 궁극적으로는 환자나 학생이나 이용자의 '몰입도'를 올리기 위한 기술이다.

이해하기 쉽게 설명한다고 할 때 무엇이건 무미건조하게 설명하는 것보다 '드래곤 퀘스트(Dragon Quest)' 게임처럼 자신이 그 주인공인 것 같은 느낌이 들게 해야 한다. 드래곤 퀘스트로 대표되는 롤플레잉 게임은 그야말로 주인공에게 자기 투영을 할 수 있는 획기적인 디자인 때문에 게임 세계에 투입할 수 있었다.

이야기식 접근법은 각 분야에서 실행 및 응용되고 있다. 히토쓰바시(一橋) 대학 대학원의 야마모토(山本) 교수 등은 이야기식 접근법을 응용한 모의수업을 실시했다. 교과서가 아니라 만화를 활용하는 등 '학생을 이야기에 끌어들이는' 수업을 실시하자 수강생 전원의 이해도가 올라갔다.

교육이건 오락이건 PR이건 대상은 살아 있는 인간이다. 무엇인가를 전하고 거기에 몰입하게 하고, 공감을 통하여 행동을 바꾼다. 이것이 공통된 기대치인 이상 자기 투영 요소는 상당히 중요하다.

평범한 이웃집의 영향력

20년 동안 최고 매상을 기록한 스웨덴의 슈퍼마켓

'PR의 정석'과는 다른 방법을 사용하여 보는 사람에게 당사자가 된 느낌을 주는 데 성공을 거둔 사례가 있다. 이 PR은 2016년도 칸 라이언즈 PR 부문에서 당당히 대상을 수상했다.

스위스의 대형 유통 매장 체인점 '쿱(Coop)'은 오랜 기간 유기농 채소 재배 농가를 지원하고 있는 유기농 식품 전문점이다. 쿱은 줄곧 유기농 식품을 섭취하라고 말해왔지만 유기농 식품이 정말 몸에 좋은 것인지 확실히 알 수 없는 데다 가격이 너무 비싸다는 인식 때문에 일반인들은 크게 관심을 보이지 않는 상황이었다. 그것을 타파하기 위한 PR로서 쿱은 스웨덴에서 '오가닉 효과(The Organic Effect) 프로젝트'라는 캠페인을 펼쳤다.

구체적으로는 어느 5인 가족에게 2주 동안 유기농 식품만을 먹게 하는 실험이었다. 그리고 그 모습을 다큐멘터리 영상으로 만들어 유튜브와 페이스북에서 공개했다. 2주 후 그들의 몸에는 어떤 변화가 일어났을까?

실험에 등장하는 가족은 이웃에 살고 있을 듯한 소박한 사람들이었다. 단, 성장 과정에 있는 아이가 세 명이나 있기 때문에 식비를 절약할 수밖에 없어 유기농 식품은 좀처럼 식탁에 올리지 않았다. 실험 전에 가족 전원이 소변 검사를 실시하자 꽤 우려스러운 검사 결과가 나왔다. 가족의 체내에서 살충제와 살균제, 성장촉진제 등이 검출된 것이다. 검사 결과는 부모의 입장에서는 충격이었다. 이 실험에 협력해준 곳은 스웨덴환경연구소라는 공적 기관이었다.

그렇게 해서 이 평범한 스웨덴 가족은 주방의 음식들을 모두 유기농 식품으로 바꾸고 2주 동안 유기농 식품만을 섭취하였다. 그 결과 화학물질 수치가 눈에 띄게 줄어들었다. 2주 후의 결과를 나타낸 동영상은 3,500만 회의 조회수를 기록했고, 쿱은 과거 20년을 통틀어 그 해 최고의 판매량을 기록했다. 동영상 마지막 부분에서 어머니는 이렇게 말한다.

"아이들을 생각하면 예전으로 돌아가고 싶지 않아요."

이 PR은 대상을 수상한 작품이라 하기에는 크게 대단해 보이지 않고 깜짝 놀랄 만한 참신한 아이디어도 아니다. 실제로 나도 처음에는 다른 작품이 대상에 더 어울린다고 생각했다. 하지만 나중에 그 이유를 이해하게 되면서 이 프로젝트가 꽤 힘든 작업이었을 것이라는 생각이 들었다.

우선 이 사례와 같은 헬스 케어 실험을 실시하는 경우, 실험 결과를 담보하기 위해 '보증' 기관에 의뢰한다. 이 사례에서는 스웨덴환경연구소가 보증의 역할을 한다. 이것은 당연히 필요한 부분이다. 그러나 자칫하면 실험 대상자는 많을수록 좋다는 생각에 100개의 가정에서 실험하는 방법을 꾀할 수도 있다. 하지만 이제는 전략 PR도 폭넓게 이루어지게 되었고, 광고에 약간의 설문 조사나 연구 결과가 들어가는 경우도 드물지 않다. 그런 상황에서 '500명에게 물어봤다', '100개의 가정에서 실험을 했다'는 조사가 신문이나 텔레비전에 소개된다고 해서 사람들이 움직일까?

이 사례에서 참신한 점은 실험을 이웃에서 흔히 볼 수 있는 친숙한 한 가족만을 대상으로 했다는 것이다. 어린 남자 아이들이 실험용 소변기를 가져오는 사랑스러운 모습 등을 담은 동영상은 매우 정서적인 느낌의 다큐멘터리였다. 콘텐츠의 힘이 강하기 때문에 등장하는 아이들을 자신의 아이와 중첩시켜 동영상 속의 어머니와 같은 기분을 느끼게 하는 것이다. "그래. 아이의 건강은 돈으로 바꿀 수 없어."라고! 마치 리얼리티 프로그램을 보는 것과 같다.

이 PR은 보여주는 방법에서의 발상의 전환 능력과 캐스팅이나 영상 제작의 센스가 빛나는 창조성으로 유기농 식품에 대한 인식 전환에 성공한 사례다.

N=1의 힘

다시 한번 PR의 기본에 관한 이야기로 돌아가보자. 우선 PR은 사실에 기반해야(fact base) 한다. 사실이나 실증이 있는 상태에서 커뮤니케이션을 설계하는 것이다. 팩트가 없으면 전하고 싶은 결과에서 역산하여 설문 조사를 실행한다. 이른바 '조사 PR', '실험 PR'이라고 불리는 방법이다.

그리고 '신뢰성'이 확보되어야 한다. PR에 있어서 신뢰성 확보는 가장 중요하며 그 역할이 기대되는 경우가 많다. 이것은 4장 '공공의 요소'나 6장 '보증의 요소'에서도 거듭 설명했다. 그래서 설문 조사나 실험 대상자(N)는 많을수록 좋다고 여겨져 왔다. N=10보다 N=100, N=100보다 N=1000이 낫다는 식이다.

여기에는 두 가지 의미가 존재하는데, 하나는 애당초 해당 실험이나 설문 조사를 의미 있는 것으로 만들기 위해 필요한 N수, 이른바 분모다. 이것은 의사나 학자 등 감수를 하는 사실 공감 계통 인플루언서의 전문적 판단에 의해 결정된다. 또 하나가 미디어의 판단 기준이다. 보도의 일차 소재로서 다룰 만한 것인지, 즉 불특정 다수의 매스미디어를 대표할 수 있는 N수가 되는지를 판단하는 관점이다. 당연히 PR 정보가 되는 설문 조사를 해야 하지만 그것이 보도되지 않으면 의미가 없다.

더구나 예산은 한정되어 있다. 이 부분 때문에 고민하는 PR인이 적지 않다. 내 경험상 실험이라면 N=30에서 N=100 정도, 의식 조사라면 N=500에서 N=1000 정도가 '대표성이 있다'고 볼 수 있는 N수의 수준이다.

그런 한편 N수가 증가할수록 잃는 것이 있다. 바로 피실험자의 '얼굴'과 '스토리'다. 1천 명의 결과에는 대표성과 신뢰성이 있고 신문에서도 다루어준다. 그러나 거기에서 공감이나 당사자성을 느끼기는 어렵다.

'100가구가 유기농 식품을 2주 동안 섭취한 결과'는 실험 정보로서 가치는 있지만 오가닉 효과 프로젝트 캠페인은 그런 방식을 선택하지 않았다. 여기에는 'N=1의 힘'이라고 부를 수 있는 강한 메시지가 있다.

실험 대상이 하나의 가족이라는 것으로 마치 이웃집을 들여다보는 것 같은 느낌을 갖게 한다. 자신의 가족을 상상하고 감정이입을 할 수도 있다. 거기에 명백한 실험 결과가 제공된다. 이 발상은 앞으로의 PR에 있어서 매우 중요한 의미가 있다. 본래 PR의 최종 목적은 '매스컴을 움직인다'는 것이 아니라 '사람을 움직인다'는 것이다. N=1로 사람을 움직였다면 그것으로 충분히 목적을 달성한 것이다.

오해가 없도록 하기 위해 덧붙인다면 모든 경우에서 N=1로 해야 한다는 의미는 아니다. 스웨덴의 사례가 성립된 배경에는 파급 효과를 내는 플랫폼으로서의 소셜 미디어와 동영상 콘텐츠의 진화가 존재한다. 중요한 것은 'N수는 많아야 한다'는 기존의 발상에서 벗어났다는 점이다.

나아가 '보증'의 담보와 '공감'의 생성은 목적의식이 다르다. 그러나 하나의 PR 스토리를 토대로 삼으면서 설문 조사나 실험 결과의 '요리 방식'이나 '견해'를 바꾸어간다. 앞으로는 이런 전략적 발상이 더욱 중요하다.

인사이트는 소비자의 진심이다

마지막으로 전하고 싶은 것이 공감을 이끌어내는 소비자의 '인사이트'에 관한 것이다. 인사이트는 그대로 번역하면 '통찰'이지만 광고나 마케팅 영역에서는 '소비자의 (잠재적인) 진심'이라 해석되는 경우가 많다. 지난 몇 년 동안 어떤 상품이나 브랜드의 광고에서도 소비자의 인사이트를 포착하는 것이 중요하다는 사고방식이 주류를 이루고 있다. 몇 가지 사례를 소개해보자.

구강청결제 브랜드인 '리스테린(Listerine)'은 2017년 1월부터 인터넷 동영상 '어째서?'를 오픈 기한을 두고 공개했다. 동영상은 남녀의 데이트 스토리로 이루어져 있다. 배우 가케이 미와코(筧美和子)가 연기하는 여성과 그 상사의 밀고 당기기가 되풀이된다. 동영상은 그녀의 집까지 배웅을 한 뒤에 '오늘 밤은 가능해.'라고 생각한 남성이 마지막 순간에 거부를 당하는, 남성 눈높이의 '문제 제기 편'과 그 이유를 밝히는 여성 눈높이의 '회답 편' 두 가지로 구성되었다.

여성이 '역시 무리야.'라고 생각한 원인은 남성의 '입 냄새'였는데, 이 동영상은 남성 소비사의 인사이트를 적절하게 자극했다. 즉, "입 냄새 치료에 관심은 없지만 여성을 유혹할 때 실패하고 싶지는 않다."라는 것이다. 자신의 입 냄새(또는 문제점)를 깨닫지 못하고 있는 남성은 리스테린이 얼마나 효과가 좋은지를 아무리 설명해도 '공감'하지 않는다. 그러나 마음에 드는 여성의 집까지 가서 마지막 순간에 거부를 당하는 스토리로 들어가 궁금증을 유발한다. 사실 그 원인이 '입 냄새'였다는 전개 방식은 많은 남성들에게 리스테린을 '자기 투영화'시키는 힘을 가진다.

앞에서 소개한 기저귀 사례에서도 인사이트를 잘 살린 성공 캠페인이 있다. '10시간 연속 흡수할 수 있다'는 것이 상품의 특징이었고, 이 10시간의 흡수 지속력이 '갓난아기의 수면의 질'과 연결된다는 사실을 어머니들에게 전달하여 해당 브랜드를 구입하도록 하는 것이 목적이었다. 그러나 조사를 해보자 "아이가 푹 잠이 못 드는 데에 관심은 있다. 하지만 잠만 든다면 수면의 질까지는 신경 쓰지 않는다."는 의견이 많았다. '수면의 질 향상'만으로는 구매와 연결되지 않는다는 사실을 알게 된 것이다.

그리고 어머니들의 일상적인 이야기를 물어보았다. 어머니들은 공원 등에서 다른 아이들의 어머니와 아이의 기는 행동이나 일어서는 행동에 대해 대화를 할 때 민감해진다고 한다. 발육에는 개인차가 있는데 같은 월령에서 자신의 아이보다 다른 아이의 성장이 빠르면 불안해지고, 그 반대 역시 그렇다는 것이다. 여기에서 "갓난아기는 모두 평등하게 사랑을 받지만 사실 자신의 아이는 다른 아이보다 우수하게 키우고 싶다."는 어머니들의 인사이트를 이끌어낼 수 있었다.

그래서 새롭게 '두뇌가 발달하는 수면'이라는 키워드가

개발되었다. "질 높은 수면에 의해 갓난아기의 두뇌를 발달시키는 것이 중요합니다. 어머니는 갓난아기의 수면 리듬을 보호해주고 방해하지 말아야 합니다. 기저귀도 장시간 뽀송뽀송한 것을 선택해야 합니다."라는 스토리가 설계되었고, 그것을 바탕으로 PR을 전개했다. 어머니들은 90% 이상이 기저귀를 구매하겠다는 의사를 밝혔고 시장 점유율도 부쩍 상승했다.

이처럼 사람이 무언가에 공감하는 이유는 그 사람의 잠재된 진심(인사이트)과 밀접한 관계가 있다. 표면적인 감동 스토리만으로 사람을 움직일 수 없는 이유는 바로 인사이트가 결여되어 있기 때문이다. 스토리를 '다른 사람의 문제'가 아닌 자기의 이야기, 즉 당사자 의식을 가지게 하려면 잠재된 인사이트를 탐구하고 발굴해야 한다.

공감의 요소를 활용하다

당사자성을 부여하는 '공감'은 PR의 메시지나 주제 개발 그 자체는 아니고 PR 활동의 '견해'와 관계가 있다. '감정을 움직인다'는 것은 광고의 장점에 해당하는 부분이고, PR은 확실한 팩트를 만드는 작업이라는 선입관도 있었다. 즉, PR은 감정보다 이론, 우뇌보다 좌뇌라는 것이다.

그러나 상황이 변하고 있다. 우선 소셜 미디어상에서 유통되는 정보가 변화하고 있다. 소셜 미디어와 궁합이 맞는 것은 스토리성이 높은 것이나 감정에 호소하는 것인데, 이런 콘텐츠가 상대적으로 증가하고 있다. 다음으로는 엔터테인먼트 콘텐츠의 소비 경향이다. 세계적으로 영화나 드라마는 다큐멘터리나 리얼리티 성격이 호응을 얻는 경향이 있고, 공감을 얻을 수 있는 콘텐츠는 PR의 주요 전쟁터인 논픽션에 가까워졌다. 이런 점에서 PR을 기획하고 전개할 때는 시나리오 작가, 논픽션 작가나 프로덕션과 손을 잡을 필요가 있다.

재치의 요소

기지성을 발휘하다

9장

이거 한 방 먹었는데!

"서두르지 말자. 서두르지 말자. 한숨을 돌리자. 한숨을 돌리자."

잇큐 소쥰(一休宗純; 일본 무로마치 시대의 선승)의 말이다. 일본인들 중에는 이 말을 들으면 잇큐가 등장하는 애니메이션이 떠올라 그리움에 잠긴 사람도 많을 것이다. 나도 초등학생 시절에 방영되었던 이 애니메이션을 매우 좋아해서 매주 빼놓지 않고 보았다. 잇큐의 에피소드는 셀 수 없을 정도로 많다. 그중 다음 이야기가 유명하다.

잇큐를 성으로 부른 쇼군이 말했다.

"잇큐 님, 거기 병풍에 호랑이가 있지요? 그 녀석이 매일 밤마다 병풍에서 빠져나와 악행을 일삼고 있습니다. 그 호랑이를 좀 잡아주시지요."

"알겠습니다. 안심하십시오."

잇큐는 소매를 걷어붙이고 밧줄을 움켜쥐고는 쇼군에게 이렇게 부탁했다.

"쇼군, 지금입니다! 호랑이를 그 병풍에서 나오게 해주십시오!"

말도 안 되는 억지 요구이지만 잇큐의 답변은 그야말로

통쾌하다. 이 이야기는 아시카가 요시미쓰(足利義滿; 무로마치 막부의 쇼군)가 잇큐에게 낸 문제 중의 하나로, 이른바 '병풍의 호랑이 퇴치'라는 에피소드다.

여기에서 억지 요구에 맞선 무기가 바로 '재치'다. 이 재치가 PR과 관계가 있다.

"미국에서 발달한 PR과 일본의 잇큐가 무슨 관계지?"

당연히 이런 의문이 들 것이다. 그렇다면 근거를 제공해 보겠다. 재치는 '눈치 빠른 재주. 또는 능란한 솜씨나 말씨. 기지, 슬기'를 의미한다. 현대적으로 바꾸어 말하면 '상황을 정확하게 포착한 상태에서 생각한, 현실성과 기지성을 가진 리액션'이라고 할 수 있다. 어떤가? PR과의 연관성이 느껴지지 않는가?

비슷한 것으로 이른바 '나조카케(謎掛け)'가 있다. "○○라고 말하고 ××라고 해석한다. 그 의미는?" 하는 식으로 질문을 던지는 것이다. 예를 들면 "'미니스커트'라고 말하고 '결혼식 주례사'라고 해석한다. 그 의미는?" 하고 질문을 던지면 "그 의미는 '짧을수록 좋다'는 것!"이라고 대답하는 형식이다. 이 나조카케도 사실 깊은 교양과 유머 감각, 그리고 재치가 있어야 가능하다.

몇 년 전에 인터넷에서 화제가 된 이야기가 있었다. 어느 초등학교 과학 시간에 선생님이 질문을 했다.

"여러분, 얼음이 녹으면 무엇이 될까요?"

전원이 "물이요!"라고 대답했는데 그중의 한 소녀가 이렇게 대답했다.

"봄이요!"

잇큐의 재치이건 나조카케 이야기이건 거기에서는 높은 '기지성(機智性)'을 느낄 수 있다. '단순히 재미있고 웃긴다'도 아니고 '자기도 모르게 웃음이 터진다'와도 약간 다르고, 물론 '바보 같다!'는 것과도 다르다. 말하자면 "이거 한 방 먹었는데!" 하는 느낌, 또는 그런 감각이다. 영어로 표현한다면 유머도 아니고 '위트'에 가장 가깝다. 이는 현대적인 PR에서 매우 중요한 포인트다. 이것이 PR의 여섯 번째 요소로 마지막을 장식할 '재치'의 요소다.

이번 장에서는 PR에 있어서 '기지성'을 발휘하는 것이 얼마나 중요한지, 또 그것이 어떤 효과를 주는지, PR의 창조성이라는 관점에서 이야기를 진행해보겠다.

버거킹이 갑작스럽게 발매한 신상품의 비밀은?

우리에게도 익숙한 햄버거 체인 '버거킹(Burgerking)'이 자기도 모르게 감탄하게 만드는 '재치' 있는 PR을 실행했다. PR이 실행된 곳은 다양성의 도시 샌프란시스코다. 미국 버거킹이 성소수자를 지지하는 '프라이드(PRIDE)' 축제 기간에만 특별 메뉴로 '프라우드 와퍼(Proud Whopper)'라는 신상품을 발매했다.

프라우드 와퍼는 성소수자의 상징인 무지개색의 포장지에 싸여 있는 것 외에는 어떤 특이한 부분도 없었고 맛에 관한 정보도 전혀 제시되지 않은 상태에서 갑작스럽게 발매되었다. 흥미를 느낀 고객들이 점원에게 질문을 해도 돌아오는 대답은 "내용물에 관해서는 저도 모릅니다."라는 것뿐이었다.

"흐음, 하지만 뭔가 있는 것 같은데….."

고객은 한정 메뉴로 출시된 와퍼라고 하니 호기심에 이끌려 일단 구매해본다. 그러자 내용물은 평범한 와퍼다. 대체 무슨 차이가 있는 건지 이리저리 뒤적여본다. 이윽고 포장지를 자세히 살펴보니 이런 메시지가 씌어 있다!

"We are all the same inside(내용물은 모두가 마찬가지다)."

고객은 그제야 비로소 "아!" 하고 깨닫는다.

이 메시지는 그 자리에 있던 성소수자들도, 그렇지 않은 사람들의 얼굴도 미소를 짓게 만들었고 인터넷상에서도 엄청난 기세로 퍼져 나갔다. 프라이드 축제 기간 중 샌프란시스코에는 성소수자들이 대거 모여든다. 그래서 버거킹은 "성소수자들도, 그렇지 않은 사람들도 내용은 모두가 마찬가지다. 우리는 그렇게 생각한다."는 메시지를 전한 것이다.

이 PR에서 훌륭한 점은 포장지를 무지개 색깔로 바꾸었을 뿐이라는 점이다. 주제 자체는 결코 새로운 것이 아니고 예산도 적게 들였지만 세밀하게 설명하는 것보다 훨씬 이해하기 쉽고 재치가 넘친다. 이것이야말로 '재치' 있는 PR의 진수인 것이다!

사실 여기에는 미국의 마케팅 상황도 관계가 있다. 지금 미국에서는 성소수자를 하나의 소비자 집단으로 포착하고, 타깃으로서 중시하게 되었다. 그렇기 때문에 다른 기업들도 성소수자를 겨냥한 PR에 신경을 쓰고 있다. 하나의 유행이다. 그런 상황에서 버거킹은 성소수자들에게 다가가는 브랜드라는 메시지를 전하기 위해 성소수자의 권리를 인정하라고 소리 높여 외치는 것이 아니라 '한꺼풀만 벗기면 모두 마찬가지'라는, 단순하고 상쾌한 방법으로 브랜드의 의사를 표명하는 데에 성공했다. 기지가 넘치는, 산뜻한 방식이다.

이처럼 일상생활에 가볍게 뛰어들어 사람들이 '아, 역시 센스가 있어.'라고 생각하게 만드는 '재치'를 살린 PR은 기업 이미지나 브랜드 이미지를 높이는 효과가 있다. 현시대 특유의 방식이라고 말할 수 있다.

당했다는 느낌이 가져오는 효과

___

버거킹의 PR을 성공시킨 요소는 '재치'다. 물론 성소수자 문제는 사회적인 것이고(공공의 요소), '내용물은 모두가 마찬가지다'라는 메시지에는 세계적인 보편성(본질의 요소)이나 감정에 호소하는 당사자성(공감의 요소)도 있기는 하다. 하지만

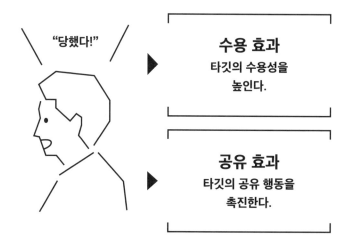

그림 6. 당했다는 느낌이 가져오는 효과

여기에서의 주역은 뭐니 뭐니 해도 "뭐야, 이거 한 방 먹었는데!"라는, 그 순간을 연출하는 아이디어다.

버거킹이 전하고 싶었던 메시지 자체는 누가 들어도 당연한 내용이다. 따라서 그 메시지를 상점 앞이나 상품 포장지에 커다랗게 내건다고 해도 눈길을 주는 사람은 없다. 하지만 새로운 한정 상품이라는 방식을 이용했기 때문에 누구나 '신상품이라면 뭔가 특별하겠지?'라고 생각한 것이다. 그런 심리를 역으로 이용했다는 데에 기지성이 깃들어 있다. '아, 당했다.'고 생각하는 순간이야말로 이 PR의 핵심이며 PR의 효과가 최대화되는 시점이다.

이것이 '당했다는 느낌이 가져오는 효과'다.(그림 6) 당했다는 느낌이 초래하는 정보 전략으로서의 영향력이다. 이를 좀 더 분석하면 크게 두 가지로 나눌 수 있는데, 바로 '수용 효과'와 '공유 효과'다.

우선 '수용 효과'에 대해 알아보자. 잇큐의 말에도, 버거킹의 PR에도 수용 효과가 있다. 그런 상황을 접한 사람의 얼굴을 상상해보자. '아, 당했다!'고 깨달은 이후 자연스럽게 미소를 짓는다. 그 후에 감탄하고 몇 번이나 고개를 끄덕인다. 그리고 '받아들인다'.

심리학적으로도 수용 효과는 '유머 지각과 설득 효과'라는 연구 분야에서 실증이 되었다. 설득 메시지에서 유머나 위트를 사용했을 때의 장점은 '주목도가 높아진다', '호감도가 높아진다' 등 몇 가지가 보고되었는데, 그중에 '주의 분산 효과'라는 것도 있다. 미국 샌디에이고 주립대학의 조지 베르치(George E. Belch) 교수 등은 "유머 지각은 받아들이는 사람의 주의를 분산시켜 반론 생성을 억제하는 것으로 설득 효과를 높일 수 있다."고 지적한다. 어렵게 들리지만 한마디로 좋은 의미에서 '현혹한다'는 것이다. 하지만 본래 전하고 싶은 것이 보편적이고 사회적인 것이라면 초기에 재치나 유머로 타깃을 현혹해야 할 것이다.

PR뿐 아니라 마케팅에 있어서 타깃을 '수용성이 높은 상태'로 만들어두는 것은 매우 중요하다. 아무리 훌륭한 상품 정보나 메시지라고 해도 수용성이 없는 상태에서 발신해서는 전달되기가 어렵다. 상대방이 어느 정도로 '마음을 연' 상태에서 전달하는가 하는 것이 승부다. 미리 타깃의 수용성을 높이는 방법은 몇 가지가 있지만 여기에서처럼 '당했다!'는 느낌을 주는 것도 효과적인 수단이다. 논리와는 상관없이 수용성을 높이는 효과가 있기 때문이다.

당했다는 느낌이 가져오는 또 하나의 효과는 '공유 효과'다. 이 책에서도 일관적으로 다루고 있는 큰 주제 가운데 하나가 정보의 공유와 확산이다. 우리는 다양한 이유로 정보를 공유하기도 하고 무시하기도 한다.

미국 와튼스쿨(Wharton School)의 교수 요나 버거(Jonah Berger)는 사람이 정보를 공유하는 이유를 여섯 가지로 정리했다. 소셜 화폐(social currency), 계기(trigger), 감성, 대중성, 실용성, 이야기성이 그것이다. 당했다는 느낌이 가져오는 공유 효과를 이 중에서 적용한다면 '소셜 화폐'에 해당한다.

소셜 화폐란 각종 SNS 활동에 대한 경제적 보상으로, 타인에게 어떻게 보이고 싶은가 하는 동기를 기반으로 한다. 쉽게 말하자면 '의기양양한 표정'을 지을 수 있는 이야기인가 하는 것이다. 세상에는 다양한 정보가 있지만 재치 있는 이야기나 호기심이 느껴지는 화제는 그것을 이야기하고 있는 사람의 인상에도 영향을 준다. 즉, 이야기를 전달하고 있는 사람도 재치 있는 사람으로 보이는 것이다.

앞에서 소개한 "얼음이 녹으면 무엇이 될까요?"라는 에피소드를 떠올려보자. 나 자신이 이 이야기를 알게 된 이후에 많은 사람들에게 이야기하고 싶어졌다. 무슨 이유에서인지 다른 사람에게 알려주지 않으면 못 견딜 것 같은 느낌이 들어 어떻게든 공유하고 싶었다. 그리고 공유하게 되었을 때는 나도 모르게 의기양양한 표정을 짓고 있었을 것이다. 재치 있는 이야기라는 것은 그 자체가 이미 '확산성이 높은 정보'가 되어 있기 마련이다.

'당했다!'고 생각하게 만드는, 즉 기지성이 높은 커뮤니케이션을 실행한다는 것은 단순히 재치 있는 표현만을 목적으로 삼은 것은 아니다. 이는 수용성 향상이나 확산성 강화라는 본질적인 PR 효과를 높이기 위해 매우 중요한 요소다.

구미의 코미디에서는 위트가 풍부한 대사가 나오면 박수갈채가 터져 나온다. 일본의 장수 버라이어티 프로그램 쇼텐(笑点)에서는 박수갈채뿐 아니라 방석까지 받는다. 인간의 기지가 불러오는 효과는 매우 다양한데, PR에서도 그런 효과를 기대할 수 있다.

퍼레이드가 머쓱해진 독일의 신나치주의 단체

지역 문제를 '재치'로 해결한 참신한 PR 사례가 있다. 독일의 바이에른(Bayern) 주 분지델(Wunsiedel)은 인구 약 9,300명의 조용한 지역이다. 그런데 이 지역에 매년 8월이 되면 주민들을 고민에 빠지게 만드는 불명예스럽고 당혹스러운 사건이 일어난다. 나치당의 부총통이었던 루돌프 헤스(Rudolf Hess)의 묘소 주변에서 신나치주의의 퍼레이드가 펼쳐지는 것이다. 2004년에는 약 4,500명이나 되는 참가자들이 모였다.

물론 주민들도 가만히 있지는 않았다. 이 퍼레이드에 반대하기 위해 주민들끼리 시위운동을 조직하는 등의 활동을 하여 2006년에는 재판소에서 퍼레이드 금지 결정이 내려졌다. 그러나 신나치주의자들은 금지 결정과 상관없이 여전히 매년 8월이 되면 대형 버스를 앞세워 거리로 밀고 들어온다. 여기서 더 이상 참을 수 없을 정도로 화가 난 주민들의 마음을, 위트가 넘치는 아이디어가 해결해주었다.

신나치주의자들이 퍼레이드를 하는 거리를 워킹 코스로 간주하고, 그들이 1미터 걸을 때마다 시민들로부터 10유로가 신나치주의탈퇴지원단체에 기부되는 구조를 만든 것이다. 즉, 그들이 행진을 할수록 신나치주의 반대 단체에 기부금이 쌓인다. 코스 도중에는 급수대와 바나나가 놓여지고 "파이팅!"이라고 외치는 응원까지 준비했다. 지금까지 퍼레이드가 실시되었을 때에는 집에 틀어박혀 있던 주민들도 창문을 활짝 열고 "힘내요! 힘!" 하고 응원을 보냈다. 그러자 신나치주의자들도 이런 상황에는 당혹감을 감출 수 없었다.

결정타는 골인 지점이 있는 마을의 집회 장소에서였다. 여기에 도착하면 짤랑짤랑 돈이 떨어지는 소리가 울려 퍼지면서 "총액 ○○○유로가 신나치주의탈퇴지원단체에 기부되었습니다."라는 결과가 공개되고 주민들이 환호성을 지른다. 신나치주의자들은 쓴웃음을 지을 수밖에 없다.

이것은 신나치주의자들의 퍼레이드를 '채리티 워크(charity walk; 자선 크로스컨트리 경보)'로 만들어버린 깜짝 놀랄 만한 전략적인 PR이다. 물론 정치 색깔이 강한 매우 위험한 기획이기는 하지만 산뜻한 기지를 이용해서 가볍게 문제를 해결해버린, 그야말로 잇큐의 말 같은 PR이다.

PR에 요구되는 창조적 기지

세계 커뮤니케이션 업계에는 오랜 기간 동안(또는 지금 이 순간에도) "광고는 유머가 넘치고 홍보는 진지함이 넘친다."는 불문율 같은 것이 있었다. 광고와 PR의 경계가 점차 애매해지고 있는 지금은 의미 없는 관점이지만 그런 측면은 분명히 있었다.

이 책을 읽고 있는 여러분도 주변에 광고나 홍보 업계에 있는 사람을 떠올려보면 알 수 있다. 광고나 선전과 관련된 일에 종사하고 있는 사람, 홍보나 PR과 관련된 일에 종사하고 있는 사람을 각각 세 명씩 떠올려보라. 어떤가? 내가 편견을 가지고 있는 것은 아니다. 단지 확인을 해보기 위해서다.

이것은 어느 쪽이 좋다는 이야기가 아니다. 광고인은 픽션을 표현하는 전문가 집단이고, PR인은 사실에 해당하는 논픽션 영역의 전문가 집단이라는 성립 과정을 생각하면 자연스러운 일이다. 뉴욕을 예로 들자면, 1960년대의 광고 업계를 그린 미국 드라마 <매드 맨(Mad Men)>의 배경과, 저널리스트 집단이 중심을 이루어 창업한 대기업 PR 회사의 본부, 양쪽 모두 맨해튼을 근거로 삼아 거대화되었다. "광고는 유머가 넘치고 홍보는 진지함이 넘친다." 같은 이미지는 이런 진화 과정에서 발전해왔다.

지금 세계의 PR 업계가 내걸고 있는 키워드 중 하나가 '창조성'이다. 3장에서도 설명했듯 세계 PR인들은 더 참신한 창조성을 강요받고 있다. "더 이상 진지함만으로는 먹고 살 수 없다."는 것이다. 하지만 이 창조성이라는 말의 정의는 그 폭이 매우 넓다. 표현 방법에서부터 발상법에 이르기까지, '지금까지 볼 수 없었던 창조성을 갖추고 있는가'를 묻는 시대가 되었다.

그렇다면 PR에서의 창조성이란 무엇인가? 이 부분에 대해 세계 곳곳에서 다양한 견해가 나오고 있지만 나는 기지성이 초래하는 창조성, 즉 '창조적 기지'라고 말하고 싶다.

재치나 위트의 감성은 굳이 버거킹이나 신나치주의자의 사례를 예로 들 필요도 없이 매우 창조적인 것이다. 상상이나 픽션의 세계가 아니라 분명한 현실을 토대로 어떻게 해서 '가볍게' 전달하여 목적을 달성하는가 하는 창조력이다. 나는 이것이 현대적인 기업이나 브랜드의 커뮤니케이션에 잘 어울린다고 생각한다. 그래서 세상에서 발생하는 사건에 반응하는 타이밍에 관한 연구가 더욱 필요하다고 본다.

소통이 강조되는 시대적 상황 속에서 기업에 요구되는 것은 일종의 '가벼움'이다. 이제 소비자는 지인도, 기업도, 브랜드도 같은 틀에서 평가한다. '거짓말을 하는 사람', '지나치게 무거운 사람', '자기를 어필하는 사람'은 외면받게 되고 '솔직하고 가벼운 존재'가 받아들여진다. 특히 SNS의 정보 공유에 관해서는 이용자의 76%가 '공감을 얻고 싶다'고 생각하여, '어필하고 싶다'고 생각하는 이용자 14%를 크게 웃돈다는 데이터도 있다(인터넷 광고 대리점 오부토가 2016년 실시한 '디지털 시대 브랜드 소비의 가치관' 조사). 팩트를 전하는 PR은 늘 '정직'이 담보되어 왔지만 가벼웠던 것 같지는 않다는 느낌이 든다.

일본은 PR에서 '창조적 기지'를 발휘하는 것이 해외에 크게 뒤지고 있다. 일본인은 평소에 사회나 집단에 억눌려 있는 만큼 '반짝 이벤트'를 좋아하는 측면이 있다. 무엇 때문인지는 모르지만 잠깐 흥청거리고 끝나버리는 경우가 적지 않다. 하지만 재미있는 화제를 환기시키는 버즈 무비(buzz movie; 소문에 의해 퍼져 나가는 동영상) 등은 일본 특유의 장기다(일본과 관련 있는 사례가 많은 편이다). 관심을 얻기 쉽다는 측면에서 보면 나름대로 긍정적이기도 하지만 그보다 좀 더 '창조적 기지'를 발휘해야 하지 않을까?

재치의 요소를 활용하다

기지성을 발휘한다는 것은 아직 기존의 PR에 결여되어 있는 요소다. 그렇기 때문에 앞으로 더욱 효과적인 접근 방법이 될 것이다. 또 이것은 PR에서의 창조성은 무엇인가 하는 논의와도 직결된다. 여기에서 말하는 창조성이란 PR을 깔끔하고 아름답게 만드는 것이 아니다. 단순히 재미있는 행위나 엉뚱한 행위를 하는 것도 아니다. 무엇보다 사람을 움직이는 아이디어여야 한다. 그리고 그 아이디어가 지금까지는 본 적이 없는 창조적이고 독창적인 것이어야 한다.

'공공'이나 '본질'의 관점에서 PR의 주제가 탄생한 뒤에 '재치' 있는 발상을 주입할 수 있어야 그 PR 캠페인이 재치가 있어 보이고 결과적으로 효과가 상승한다. PR에서의 이런 창조성은 이른바 광고에서의 창조성과는 약간 다른 경우가 많다. 따라서 광고 업계의 제작자가 참가한다고 해서 잘된다는 보장은 없다. 세계적으로도 다양한 여지가 있는 영역이다.

세계를 움직이는 PR

종장

우리가 만들어서 세계를 움직인다

이제 드디어 마지막 장이다. 여기에서 지금까지의 내용을 한번 되돌아보자. 정보 홍수와 소비 포화 시대에는 '구매하는 이유' 그 자체를 세상에 창출해내야 한다. 상품의 스펙보다 "왜 그것을 구매할 필요가 있는가?" 하는 이유 쪽이 소비자 입장에서는 중요하기 때문이다.

구매하는 이유를 만든다는 것은 세상에 '좋은 ○○'를 재정의한다는 의미다. 이것이 '속성순위전환'이며, 새로운 시장을 창조하고 그 바탕을 만드는 것이 전략 PR이다.

전략 PR의 목적은 행동 변화다. 어떤 정보를 단순히 세상에 뿌리는 것이 아니라 사람의 행동을 바꾸는 것이 목적이다. 그렇다면 어떻게 해야 사람의 행동을 바꿀 수 있을까? 그 전략을 세우기 위해 빼놓을 수 없는 것이 '사회적 관심'이다. 상품 자체를 PR하는 것이 아니라 사회적 관심, 즉 '모든 사람이 신경을 쓰는 관심 대상'에 주목한다. 세상에 새로운 관심을 만들어내거나 잠재적인 관심에 주목하는 등 방식은 다양하지만 사회적 관심을 어떻게 '요리'하는가에 대한 발상이 필요하다.

전략 PR의 여섯 가지 법칙에 대해서도 간략히 정리해보자. 사회성을 담보하는 '공공', 우연성을 연출하는 '우연', 신뢰성을 확보하는 '보증', 보편성을 발견하는 '본질', 당사자성을 갖게 하는 '공감', 기지성을 발휘하는 '재치'가 전략 PR의 여섯 가지 요소다. PR을 기획할 때는 이 여섯 가지 요소가 포인트다. 이상이 지금까지 이 책에서 설명해온 주요 내용이다.

PR이라는 영역에서 보면 일본은 해외의 역동적인 활동에 뒤처져 있다. 그 때문에 적지 않은 손해를 보고 있지만 이것은 기회이기도 하다. 앞으로는 좀 더 사람들을 '움직여야' 한다. 그때 반드시 필요한 것이 이 책에서 설명해온 PR의 발상과 노하우다. 마지막 장에서는 '우리가 만들어서 세계를 움직일 수 있다'는 가능성에 관하여 설명해보기로 한다.

세계가 구매하는 이유를 만든다

2016년 후반부는 일본발 콘텐츠가 꽤 호응을 얻었다. 2016년 10월 일본 가수 피코 다로(ピコ太郎)의 'PPAP'는 공개된 지 불과 두 달 만에 유튜브 주간 재생 횟수 랭킹이 세계 1위로 올라갔고 빌보드 차트 77위에 랭크되었다. 저스틴 비버(Justin Bieber)가 트위터에 "마음에 든다."고 표현했고 그것을 BBC와 CNN이 보도하면서 단번에 세계로 퍼져 나갔다. 인플루언서와 미디어의 영향력으로 무엇인가가 퍼져 나가는 현상은 보기 드문 일은 아니다. 하지만 여기서 주목해야 할 점은 파급되는 '속도'다.

공전의 대히트를 기록한 영화 <너의 이름은(君の名は)>은 2016년 8월에 개봉되어 16주째에 흥행 수입 200억 엔을 돌파했다. 2017년 2월 시점에는 일본에서 역대 랭킹 2위로 올라섰다. 개봉 17일 만에 흥행 수입 5억 3천만 위안(약 90억 엔)을 기록한 중국을 비롯하여 대만, 홍콩, 태국, 한국 등에서도 크게 흥행했다. 그리하여 마침내 <센과 치히로의 행방불명(千と千尋の神隠し)>을 제치고 '세계적으로 가장 많은 수익을 올린 일본 영화'가 되었다. 이런 콘텐츠의 흥행은 일본인에게 커다란 용기를 주었다. 하지만 엔터테인먼트 계통 콘텐츠의 세계적인 흥행은 아직 한정적이다. 세계를 상대하는 일본의 기업이나 조직들이 체계적이고 전략적인 마케팅이나 PR을 못하고 있어서다. 이제 글로벌 경쟁에 필요한 것은 거점이나 네트워크가 아니다. 일본을 대표하는 한 글로벌 기업의 마케터는 이렇게 말했다.

"거점이나 현지에서의 파트너십은 이제 충분합니다. 문제는 마케팅이 전략적으로 이루어지지 않고 모든 것이 '판매'에만 집중되어 있다는 것입니다."

그렇다. 이쪽에 노하우가 없으면 현지의 판매 회사나 유통 회사의 뜻에 밀려 그들이 원하는 판매 방식에 맞출 수밖에 없다. 세계를 향하여 '구매하는 이유'를 만들어내려면 일방적인 광고나 프로모션으로는 부족하다. PR에서 세계적으로 경쟁하려면 경험이 많을수록 좋다. 사업 목적을 달성하기 위해 어떤 행동 변화를 일으켜야 할까, 기존의 인식을 바꾸어야 할 필요가 있을까, 그렇게 하기 위해 어떤 정보를 노출시켜야 할까…. 이런 관점을 가지고 'PR의 피라미드'를 역산하여 전략을 세울 수 있어야 한다.

관심 주제의 구조를 응용한다

2장에서 소개한 '관심 주제'의 구조를 떠올려보자. 이 구조는 일본뿐 아니라 세계적으로 응용할 수 있다. 기업이나 상품이라는 '당신의 관심'을 '모든 사람들의 관심'과 어떻게 연결시킬 것인가. 이러한 보편적인 틀은 고객이 훨씬 다양해지는 세계 시장에서 더욱 필요한 요소다. 그럼 다시 한번 '관심 주제'를 정리해보자.

앞에서도 말했듯이 관심 주제는 상품의 편익성, 세상의 관심사, 소비자의 관심사와 이익을 연결하는 다리다. 이 세 가지 요소가 하나가 되는 '주제'를 발견해서 그 주제를 세상에 널리 전파해야 한다. 전략을 세우는 방식은 보편적이지만 '세계를 움직이는' 경우에는 몇 가지 유의해야 할 점이 있다. 각각의 요소를 정리해보자.

① 상품의 편익성: 상품이나 서비스가 제공하는 기능과 기존 상품이나 경쟁 상품과의 차별화가 포인트다. 일본에서

는 당연하게 여겨지는 필요성이 다른 나라에서는 적용되지 않는 경우가 있다. '일본'이라는 것 자체가 차별화 포인트가 되는 경우도 있다. 어디에서 편익성을 찾아야 하는지는 일본 시장과 다른 관점으로 재검토해야 한다.

② 세상의 관심사: 사람들이 신경을 쓰고 있는 것이나 화젯거리다. 세계적인 관심사와 지역적인 관심사를 이해하고 분석해야 한다. 세계의 PR 성공 사례는 세계적 관심사를 적절하게 포착한 것들이 많다. 일본인들의 입장에서도 자신의 문제로 느끼지 않더라도 활용할 수 있는 사회적 관심은 많다. 왜 그것이 관심사가 되는 것인지, 그 문맥도 확실하게 파악해야 한다.

③ 소비자의 관심사와 이익: 상품이나 서비스를 이용하는 사람이 끌어안고 있는 문제나 그것의 해결을 말한다. 그 지역의 소비자 인사이트(consumer insight; 소비자가 관심을 가지는 것)를 조사하고 분석해야 한다. 어떻게 하면 그 관심이나 인사이트에 다가갈 수 있는가 하는 관점이 중요하다. 또 지역이나 문화가 다른 복수의 지역을 포함하는 경우 이 부분을 지나치게 세밀하게 포착하면 실패한다. 국가나 문화를 초월하는 보편적인 통찰을 할 수 있어야 한다.

이처럼 각 요소를 판단하고 결정하려면 신중해야 한다.

'시장 조사'도 중요하지만 이런 관점에서의 조사도 필요하다. 세계적 관심사와 지역적 관심사를 파악하기 위해 현지 미디어에서 제공하는 정보에도 귀를 기울이고 인플루언서와 협의하는 등, 이른바 '관심 조사'를 실시해야 한다.

여기에서 이 책의 마지막이 될 사례를 소개하고 싶다. 일본에서 출발하여 세계를 움직인, 세계에 커다란 행동 변화를 초래한 한 여성의 성공 사례다.

세계인의 마음을 훔친 정리의 힘

미국 《타임》은 매년 '세계에서 가장 영향력 있는 100인'을 발표하고 있다. 2015년 판에서는 미국 애플의 CEO 팀 쿡(Tim Cook)과 영국의 배우 엠마 왓슨(Emma Watson) 등이 이름을 올렸는데, 그 100명 중에 두 명의 일본인이 포함되었다. 한 명은 소설가 무라카미 하루키(村上春樹), 그리고 또 한 명은 정리 컨설턴트인 곤도 마리에(近藤麻理惠)다.

쟁쟁한 유명인사들과 함께 선출된 이 '곤도 마리에'라는 여성을 알고 있는 사람이 얼마나 될까? 아니, 본명보다는 애칭 '곤마리'라는 이름이 일본에서는 더 많이 알려져 있을지 모른다. 그녀의 저서 《인생이 빛나는 정리의 마법(人生がときめく片づけの魔法)》(이하 《정리의 마법》)은 2010년 12월에 출간된

이후, 일본에서는 158만 부, 전자책 10만 부(2016년 10월 기준), 미국에서는 223만 부, 전자책은 45만 부가 판매되었다. 덧붙여 이 책은 세계 25개국에서 출간되어 종이책과 전자책을 합하면 누계가 약 700만 부나 팔렸다.

《정리의 마법》은 정리, 정돈, 수납의 노하우를 정리한 책으로서 서점에서는 요리나 육아 등과 마찬가지로 여성 독자가 자주 찾는 서가에 놓이는 경우가 많다. 이처럼 언뜻 매우 가사적인 내용, 즉 비즈니스나 스포츠, 음악 등 세계적 장벽이 비교적 낮은 장르와 달리 '가사'라는 카테고리에 들어가 있으면서 어떻게 전 세계에서 이렇게 많은 판매량을 기록할 수 있었을까? 여기에서는 해외 전개를 중심으로 소개하고 있기 때문에 일본에서의 전개는 세밀하게 밝히지 않겠지만 출간 전부터 다양한 PR 활동에 의해 <임금님의 브런치(王様のブランチ)>나 <안녕 일본(おはよう日本)> <나카이 마사히로의 금요일의 스마일들에게(中居正廣の金曜日のスマイルたちへ)> 등의 텔레비전 프로그램에서 소개되었고, 나아가 신문과 교통광고 등의 효과로 2011년 9월에 일본에서 밀리언셀러를 달성했다.

해외 진출 상황을 살펴보면 밀리언셀러를 달성한 2011년에 대만, 중국, 한국에서의 출판이 결정되어 있었다. 단, 이 국가들은 일본 출판물의 판권 거래가 비교적 많았기 때문에 중요한 것은 그 이후에 다른 국가들을 상대로 어떤 방식으로 전개해나갈 것인가 하는 것이 문제였다고 선마크출판사의 편집자 다카하시 도모히로(高橋朋宏)는 말한다. 선마크출판사가 《정리의 마법》을 가지고 미국의 출판 에이전트에 접근했을 때에는 영어로 번역한 샘플을 가져갔다. 물론 초역 정도만 가지고 갈 수도 있었을 것이다. 하지만 《정리의 마법》의 경우 그대로 즉시 출판할 수 있을 정도로 퀄리티가 높은 번역을 해서 가져갔다.

흔히 책의 성공 원인으로 키워드인 '빛난다'를 '스파크 조이(spark joy)'로 번역한 것이 효과적으로 받아들여졌다는 보도가 있다. 물론 그것도 이유 중 하나다. 왜냐하면 샘플 번역 단계에서 책의 내용을 깊이 이해할 수 있는 번역자에게 영문 번역을 의뢰하여 미국인의 마음을 찌르는 단어를 뽑아냈기 때문이다. 그러나 그렇게 단순하게만 말할 것이 아니다.

미디어가 미디어를 부르는 현상

미국에서 《정리의 마법》을 출간한 것은 2014년 10월 14일이다. 처음에는 폭발적으로 판매된 것은 아니었지만 그래도 아마존에서 100위 안에는 들어갔고 별 다섯 개를 매긴 리뷰가 잇달았다. 리뷰의 대부분이 "책 내용대로 정리를 해보았다."는 내용이었는데, 다카하시 도모히로는 그 리뷰를 읽고 미국에서의 성공을 확신했다고 한다. 출간한 지 약 1주 후인 10월 22일, 《뉴욕타임스》에 저자 인터뷰가 한 쪽 정도의 대형 기사로 실렸다. 이 기사가 기폭제가 되어 11월에는 《AP통신》의 기사가 세계 각국의 미디어로 송신되었고, 이듬해인 2015년 1월에는 《월스트리트저널》에 저자 인터뷰가 실리게 되었다. 이 기사로 인해 1월 초부터 두 달 정도에 걸쳐 아마존에서는 《정리의 마법》이 랭킹 1위를 차지했다.

PR의 관점으로 보면 석 달 동안에 영향력 있는 미디어에 집중적으로 노출된, 매우 이상적인 전개다. 미국 《타임》에서 출판사로 이 책의 저자가 '세계에서 가장 영향력 있는 100인'에 선정되었다는 연락이 온 것은 2015년 3월이다. 미국에서 책을 출간한 지 5개월 뒤였다.

하지만 아무리 화제가 된 책의 저자라고 해도 그때까지 이름도 몰랐던 인물이 갑자기 '영향력 있는 100인'에 선정되었다는 것은 이해하기 어렵다. 이 5개월 동안 미국 안에서 '정리'라는 행동 변화, 즉 '정리 운동'이 엄청난 기세로 휘몰아쳤다고 생각할 수밖에 없다.

'세계에서 가장 영향력 있는 100인'에 곤도 마리에를 추천한 사람은 여배우 제이미 리 커티스(Jamie Lee Curtis)다. 그런데 미국의 에이전트는 그녀에게 책을 선물하지는 않았다. 즉, 커티스가 직접 《정리의 마법》을 구입해서 읽어보고 '정리'를 실천하여 '영향력 있는 100인'으로 저자를 추천한 것이다. 그렇다면 대체 어떤 점이 받아들여진 것일까?

《정리의 마법》의 핵심은 '물건을 버린다', '수납 장소를 정한다'는 두 가지다. 물건을 버릴 때의 판단이 필요한 것인가, 필요하지 않은 것인가 하는 것이 아니라, 물건에 대해 '설렘(joy)'을 느낄 수 있는가 하는 기준이 큰 인기를 얻었다고 한다. 그리고 "정리를 하면 마음이 재정비되어 인생이 바뀐다."는 저자의 신념이 미국에서는 매우 상쾌하고 새로운 정리 방법으로 인식되었다.

덧붙여 '일본'이라는 브랜드에서 느껴지는 스피리추얼(spiritual), 오리엔탈리즘(orientalism)의 분위기가 관심을 끌었다. 저자가 일찍이 신사(神社)에서 무녀(巫女)로 일했다는 에피소드와 함께 미국이나 영국의 미디어로부터 취재가 들어왔을 때 반드시 듣게 되는 질문이 신도(神道)와 '정리'의 관계였다고 한다. 물건에 영혼이 깃들어 있다는 생각, 물건에 대해 "지금까지 고마웠어." 하고 감사한 뒤에 버린다는, 유럽인이나 미국인들은 생각해본 적이 없었던 사고방식이 그들의 마음을 움직이게 한 것은 아닐까 하는 것이 편집자 다카하시 도모히로의 생각이다.

정리와 관련된 행동 변화가 일어났다

《정리의 마법》은 미디어의 연쇄적인 노출과 인플루언서의 추천 등이 겹치면서 사람들을 크게 움직여 세계적 베스트셀러가 되었다. 이것을 전략 PR의 구조로 해설해보자. 우선 일련의 흐름을 'PR의 피라미드 구조'에 적용해서 정보의 노출이 어떻게 행동 변화와 연결되는지를 살펴보자.

1단계: 퍼블리시티

우선 최하층의 퍼블리시티에 의한 '정보 노출'이다. 《정리의 마법》에서는 《뉴욕타임스》의 한 쪽을 차지한 저자 인터뷰가 기폭제가 되었다. 또 세계 120개국 약 5천 개의 텔레비전 방송국과 라디오 방송국, 약 1,700개의 신문사와 계약을 하고 있는 《AP통신》이 기사를 송신함으로써 세계적으로 노출하는 데에 성공했다. 그리고 세계적인 경제지인 《월스트리트저널》에도 저자 인터뷰가 실리게 되었다.

《정리의 마법》에 관한 소개이기는 하지만 노출된 것은 저자인 곤도 마리에 자신이며 인터뷰를 통하여 저자의 신념이 전달되었다. 또 책이 폭발적으로 팔려 나감에 따라 '잘 팔린다'는 보도 퍼블리시티가 증가했다.

2단계: 인식 변화

다음 단계는 인식 변화다. 퍼블리시티 노출을 접한 사람들 중에서 어떤 '인식의 변화'가 발생했을까? 《정리의 마법》의 경우 '정리한다'는 행위를 재조명했다. '정리한다'는 개념은 전 세계 모든 사람들이 이미 가지고 있는 것으로 전혀 새로운 게 아니다. 그렇기 때문에 '정리하는 것으로 인생이 바꾼다'는 새로운 발상에 관심을 가진 것이다. 지금까지 가지고 있던 '정리한다=물건을 정리하거나 버리는 행동'이라는 인식이 '정리한다=자신의 인생을 바꾸는 행동'이라는 새로운 인식으로 변했다. 동시에 정리에 대한 '지루하고 성가시다'는 인식이 '상쾌하고 시원하다'로 변했다.

3단계: 행동 변화

PR 피라미드의 최상층이 행동 변화다. 퍼블리시티가 사람들의 인식을 바꾸고 그 결과 행동이 바뀌거나 새로운 습관이 시작된다. 《정리의 마법》과 관련하여 사람들이 취한 행동은 크게 세 가지다. 우선 당연하지만 《정리의 마법》을 구입해서 읽는 것이다. 다음으로 이 새로운 발상을 주변에 입소문 내는 것이다. 그리고 마지막으로 제기된 '곤도 마리에 식 방법'을 따라 정리를 실천하는 것이다. 이 사례의 본질은 '책이 팔렸다'가 아니다. 전 세계 사람들에게 '정리'라는 습관이 들게 했다는 데에 있다. 그것도 '인생이 빛난다'는 전혀 새로운 목적의식을 바탕으로! 약간 과장해서 말한다면 '새로운 생활습관을 형성했다'는 것이다.

이렇게 보면 《정리의 마법》의 성공 과정은 'PR의 피라미드 구조'에 정확하게 들어맞는다. 사람들은 곤도 마리에의 인터뷰나 책 소개 퍼블리시티를 접하고 흥미를 느낀다. 이 시점에서 책을 구입한다는 첫 파도가 발생한다. 그 결과 지금까지 '정리'라는 것에 품고 있던 인식이 크게 바뀐다. 그 참신한 체험이 입소문을 타고 주변을 끌어들이기 시작한다. 그리고 입소문에 영향을 받은 사람들이 책을 구입한다. 그리고 《정리의 마법》에 감화된 사람들은 그 방식대로 정리를 실천한다. 그 '체험'이 다시 입소문을 타고 파급된다. 자신의 체험을 주변에 전하기 위해 《정리의 마법》을 친구나 가족에게 선물하는 사람들도 나타나고, 책은 더욱 잘 팔려 나가게 된다.

이런 식으로 곤도 마리에는 단번에 유명인사가 되었고, 《정리의 마법》은 세계적인 베스트셀러가 되었다.

곤도 마리에의 마법은 왜 세계를 움직일 수 있었는가

이것을 '사회적 관심'의 관점으로 고찰해보면 어떨까? '관심 주제'의 구조에 적용해보자.

상품의 편익성

'신도(神道)'를 연상시키는 새로운 마인드 리셋(mind reset)의 방법론에 주목한다. 지금까지 없었던 산뜻한 발상으로 마인드를 변환할 수 있다. 이것이 세계적으로 《정리의 마법》이 성공한 '편익성'이다. 이 성공은 단순한 책의 인기라기보다 '인생을 바꾸는 새로운 방법론'이 팔렸다고 보는 쪽이 옳다.

이것은 일본에서 《정리의 마법》이 베스트셀러가 된 과정에는 존재하지 않는 맥락이다.

세상의 관심사

미국이나 유럽의 선진국을 중심으로 만연해 있는 폐쇄감에 주목한다. 대부분의 선진국에서는 '국민 만족도'가 40%를 넘지 못하는 상태가 이어지고 있고(미국 퓨 연구센터 조사) 사람들은 각자의 '삶의 의미(meaning of life)'를 모색하고 있다. 이런 사회적인 폐쇄감은 영국의 EU 탈퇴나 미국의 트럼프 대통령 탄생과 연결된다.

소비자의 관심사와 이익

넓은 의미에서의 '정리하고 싶다'는 욕구에 주목한다. 평균적인 가정에 약 30만 개의 물건이 있고 1인당 평균적으로 평생 153일에 달하는 시간을 물건을 찾는 데에 소비한다(!)는 미국의 경우, '물건을 정리할 수 있다'는 장점은 매우 크다. 거기에 더하여 '인간관계나 삶 그 자체를 정리하고 싶다'는 인사이트에도 《정리의 마법》은 적절하게 대응했다.

물론 곤도 마리에나 출판사가 처음부터 이런 전략적인 방법론을 가지고 진행한 것은 아니다. 하지만 누계 700만 부라는 실적은 홍보를 이용했다기보다 '사회적 관심과 연결시켰다'고 고찰해야 한다. 일본에서 시작하여 성공을 거둔 《정리의 마법》도 이 틀로 설명할 수 있다. 앞에서 설명했듯 일본과는 다른 편익성이 제기되었고 그것이 세계적인 관심과 연결되었다. 그리고 '정리'와 관련된 행동 변화가 발생하여 운동으로 이어졌으며, 그것이 상품(책)의 매상과 연결된 것이다.

강점을 '번역'하여 세계의 관심과 연결한다

《정리의 마법》의 성공은 대부분의 일본 기업에도 시사하는 바가 크다. 단순히 '외국인에게 잘 받아들여진 책 이야기' 정도로 봐서는 안 된다. 거기에는 세계를 향한 PR에서 성공을 거둘 수 있는 힌트가 많이 있다. 이 책 3장에서도 설명했듯 일본은 PR이 서투른데, 그 이유를 분석하면 두 가지 요인이 있다. 하나는 '상대방의 관심'을 활용하는 데에 서투르다는 것이고, 또 하나는 '자신의 강점'을 적절하게 번역하는 데에 서투르다는 것이다. 앞으로 '구매하는 이유'가 더욱 중요한 의미를 가지게 된다는 것은 대부분의 선진국에 공통으로 적용되는 사항이다. 또 동남아시아나 아프리카 등에서도 어떤 방식으로 사람들의 생활 습관에 파고드는가 하는 것이 중요한 마케팅 과제다. 어쨌든 거기에서 PR이 담당하는 역할은 크다. 따라서 이 책에서 설명해온 PR의 노하우를 확실하게 이해하고 수용해야 한다.

PR은 세계의 분위기 메이커

"PR은 사회의 분위기 메이커다." 그것을 할 수 있는 힘이 PR에는 있다. '모두가 알고 있어야 좋은 것'은 우리가 생각하는 것보다 이 세상에 훨씬 더 많이 존재한다. 좋은 상품, 훌륭한 기술, 멋진 사람, 아름다운 장소, 의미 깊은 활동, 공감할 수 있는 사고방식. 아무리 정보의 홍수에 파묻혀 살고 있다고 해도 그런 것들은 매우 의미 있는 정보다.

_《전략 PR》(아스키신서, 2009) 중에서

하고 싶은 이야기는 아직도 많이 남았지만 슬슬 마무리를 지어야 할 시점이다. 이 책을 집필하면서 마지막에는 어떤 말을 해야 할까 생각해보았다. 꽤 오랜 시간이 지났지만 하고 싶은 말은 8년 전과 같다. 그렇다. PR은 사회의 분위기 메이커, 나아가 세계의 분위기 메이커다! 세계는 더욱 복잡해지고 소셜 미디어에서는 수많은 목소리가 쏟아진다. 테크놀로지는 진화를 계속하고, 우리는 인간이 해야 할 일이 무엇인지 고민해야 할 상황이다. 앞으로 PR의 중요성은 더욱 높아질 것이다. 비즈니스 활동의 '요체'를 PR이 담당하는 시대는 이미 눈앞으로 다가와 있다.

PR은 건전한 기획이어야 한다

근대 PR의 역사는 대략 100년 정도다. 앞에서 언급했듯 PR의 기원은 미국 독립전쟁이지만 체계화된 원류는 미국의 철도 회사에 있다. 드넓은 국토에 철도 인프라를 정비하려면 사회적 이해와 합의 형성이 필요했기 때문이다.

미국의 PR 회사 제1호는 1900년에 보스턴에 설립된 '퍼블리시티 뷰로'다. 6년 후인 1906년 거대 통신 회사인 AT&T가 대규모 PR 캠페인을 실시했다. AT&T의 존재 의의를 세상에 알리기 위한 캠페인으로, 요즘으로 치면 기업 홍보의 원류인 셈이다.

그 후 'PR의 아버지'로 불리는 에드워드 버네이스가 1919년에 미국의 여덟 번째 PR 회사를 설립했다. 버네이스는 1920년대 담배 회사의 매출을 위해 여성 흡연자를 늘리기 위한 캠페인을 열어 활약했던 '전략 PR'의 원조다. 그가 1928년에 발간한 《프로파간다(Propaganda)》를 통해 사회와 사람을 움직이는 PR 방법이 체계화되었고 세계로 퍼져 나갔다.

1945년 GHQ에 의해 PR이 일본에 도입되었다. 그러나 일본의 PR은 그 후 세상과는 약간 다른 길을 걷기 시작한다.

1956년 '더 이상 전후의 세상이 아니다'는 선언과 함께 일본은 고도 경제 성장기로 돌입하여 대량생산, 대량 소비의 배경 속에서 기업들이 모두 마케팅을 도입했다. 그 대부분이 매스 미디어 광고 중심이었으며, 이 시점에서 일본의 PR은 광고를 보완하는 '퍼블리시티'로 전락했다.

100년 동안 'PR이란 무엇인가' 하는 질문과 관련해 다양한 정의와 주장이 탄생했다. 사회와의 대화의 필요성에서 탄생한 PR이지만 이 책에서 설명했듯 지금은 다양한 인플루언서와의 관계나 소셜 미디어를 통한 소비자와의 연결까지를 망라하고 있다.

PR의 정체는 무엇인가? 20년 가까이 PR과 관련된 일을 해오면서 내가 내리게 된 정의는 이것이다.

"PR은 어떤 정보를 사회에 증폭시키는 기획이다."

여기에서의 포인트는 세 가지다. '사회', '증폭', '기획'이다. '머리말'에서도 언급했듯 PR은 '사회'가 무대다. 목적이 영리이건 비영리이건 공공성과 보편성은 PR의 중요한 요소다. 다음으로 '증폭'인데, 나는 이것이 PR의 핵심적인 묘미라고 생각한다. PR은 어떤 정보나 화제가 확대되는 앰프를 설계하는 것과 같다. 마지막으로 PR에는 항상 '실행하는 의도', 즉 '기획'이 있다. 예를 들어 2014년에 전 세계를 움직인 '아이스 버킷 챌린지(Ice Bucket Challenge; 루게릭병 환우들에 대한 관심을 일깨우고 기부금을 모으기 위해 미국에서 시작된 이벤트)'는 PR일까, 아닐까? PR이 기획이라면 이와 달리 '결과적으로' 사상 최대의 입소문이 된 아이스 버킷 챌린지는 (개인적인 견해로는) PR이라고 할 수 없다. 바꾸어 말하자면 그 내용이 '어떤 정보를 사회에 증폭시키는 기획'인 경우에는 광고 중심이건 무엇이건 그것은 PR이다.

단, 마지막으로 매우 중요한 내용을 덧붙이고 싶다. 그것은 그 기획이 '건전해야 한다는 것'이다. 'PR의 아버지'인 버네이스도 90년 전《프로파간다》에 이렇게 기록했다.

"PR은 그 직무를 수행할 때에 공정해야 한다. 그 일은 대중을 속이거나 홀리기 위한 것이 아니라는 점을 여기에서 다시 한번 설명해두어야 할 필요가 있다."

'건전한 기획'이어야 비로소 PR의 전략은 가치를 가진다. 100년 동안 그 신념은 변하지 않았다. 기업이나 마케팅의 신뢰성에 관심이 쏠리고 실행자의 윤리관이 중요시되는 요즘이야말로 PR이 담당해야 할 역할이 매우 큰 시점이다.

마지막으로 감사의 말씀을 디스커버21 출판사의 치바 마사유키(千葉正幸) 씨, 프리랜서 편집자인 혼다 이즈미(本多いずみ) 씨에게 전하고 싶다. 또 두 분과 일을 할 수 있어서(더구나 셋이 함께) 무엇보다 기뻤다. 흔쾌히 대담에 응해주신 하쿠호

도케틀의 시마 고이치로 씨에게도 감사를 드린다. 앞으로도 함께 PR에 대해 알려나갈 수 있기를 바란다. 시세이도의 오토베 다이스케 씨도 '전략'과 관련된 좋은 말씀을 해주어 진심으로 감사를 드린다.

바바(馬場) 기획의 시마카게 마나미(島影眞奈美) 씨에게도 정확한 조사에 감사드린다. 그리고 취재에 응해주신 많은 분들에게도 감사를 드린다. 멋진 PR 사례와 놀라운 식견에 커다란 자극을 받았다. 내가 속해 있는 그룹 회사의 동료들, 클라이언트, 파트너, PR 업계 여러분도 빼놓을 수 없다. 언젠가 다시 책을 쓸 기회가 있을 때 함께 만들 수 있기를 바란다. 그리고 늘 응원을 아끼지 않는 아내와 딸에게 주말마다 집필에만 몰두해서 미안하고 고맙다는 말을 전한다.

여러분의 기획이 세상을 움직여 보다 나은 사회가 찾아오기를 기원한다.

2017년 3월

혼다 데쓰야

전략 PR: 핵심은 분위기다

초판 1쇄 인쇄 2018년 4월 24일
초판 1쇄 발행 2018년 5월 2일

지은이 | 혼다 데쓰야
옮긴이 | 이정환
펴낸이 | 한순 이희섭
펴낸곳 | (주)도서출판 나무생각
편집 | 양미애 조예은
디자인 | 오은영
마케팅 | 이재석
출판등록 | 1999년 8월 19일 제1999-000112호
주소 | 서울특별시 마포구 월드컵로 70-4(서교동) 1F
전화 | 02)334-3339, 3308, 3361
팩스 | 02)334-3318
이메일 | tree3339@hanmail.net
홈페이지 | www.namubook.co.kr
트위터 ID | @namubook

ISBN 979-11-6218-023-5 03320

값은 뒤표지에 있습니다.
잘못된 책은 바꿔 드립니다.

이 도서의 국립중앙도서관 출판예정도서목록(CIP)은 서지정보유통지원시스템 홈페이지
(http://seoji.nl.go.kr)와 국가자료공동목록시스템(http://www.nl.go.kr/kolisnet)에서
이용하실 수 있습니다. (CIP제어번호: CIP2018010510)